ズムスタ、本日も満員御礼！

広島東洋カープの研究

堀 治喜

毎日新聞出版

まえがき

広島東洋カープ球団への提言書ともいうべき拙著『衣笠祥雄は、なぜ監督になれないのか?』(文工舎)を世に問うたのが2010年。あれからすでに9年の歳月が流れた。いまや隔世の感なきにしもあらずだが、当時カープは長期の低迷期に沈んでいたころで、同書は「カープがいつまでも優勝できない理由と、衣笠祥雄が監督になれない理由とは、カープの球団史の底流でリンクしているのではないか」という仮説の検証を試みたものでもあった。

その底流にわだかまっていた泥が一気に噴き出したようにみえたのが2007年のオフ。黒田博樹と新井貴浩という投打の主軸が同時に移籍退団したときで、その危機感に背中を押されるように原稿を一気に書き上げた。

ところが発行に至るまで、丸2年の空白があった。そこには出版への躊躇(ためらい)があったからだ。広島という〝カープ城下町〟に暮らしていると、いささか息苦しい不思議な空気感の中にいることを実感するものだ。球団フロントの批判はできず、かわりに歯の浮くようなヨイショ記事や情報ばかりがハバをきかせている。いま流行のソンタクというやつだ。「衣笠祥雄はなぜ監督になれないのか？」という素朴な疑問を公的に議論することがはばかられるような雰囲気がどこかにあった。いわばタブーというもので、「カープによかれ」との思いがあって書きあげてみたものの、このタイトルもあって出版に踏み切れなかったのだ。

その間、カープは相変わらずの低迷ぶり。いつまでも優勝できないのは球団の自浄能力の欠如によるものだという思いは増すばかりだった。そこで「蟻の一穴」にでもなればと、あえて出版することにした。

すると案の定、「パンドラの匣（はこ）を開けた！」と、あちこちからいわれることになった。もちろんタブーにふれたからだったのだが、それは「災いをぶちまけた」というネガティブな評価ではなく、「よくぞ開けてくれた」という好意的な反応によるものだった。

ズムスタ（マツダ・ズーム・ズーム・スタジアム広島）のファンの応援ぶりではないが、そのリアクションに力をもらって書ききれなかったことを補うべく、続編ともいえる『「マツダ商店」（広島東洋カープ）はなぜ赤字にならないのか？』（文工舎）を２０１２年に上梓した。こちらはプロ野球史とともからめて前書をより具体的に書いたものだ。

どちらも一カープファンとしての素直な思い、また球団のあり方にたいする疑問をストレートに書いたものだった。それが「パンドラの匣を開けた」ことになったという意味では、物書きとして本望という気もしなくはなかったが、タブーを犯してリスクを負ったことに変わりはない。ならばそのリスクに免じて、最近のカープの好調ぶりの一端とまではいわないが、その快進撃の1ミリほどには貢献できたと思いたい。

カープは「編成」と「育成」とが功を奏して2016年に25年ぶりの優勝を果たした。さらに2018年まで3連覇と、いまふたたびの黄金期を迎えた感がある。身びいきもあるのだろうが、選手個々も魅力的で、ファンを惹きつけてやまない秀逸なチームになった。ところが、その栄冠の光が強くなるにしたがって、逆に球団フロントの個人商店的な弊害の影が色濃く映じはじめたようにみえる。誤解を畏れずにいえば球団は有頂天になるばかりで、「チーム一流、フロント三流」の図式が鮮明になってきた。

その球団の実態が表面化したのが、2019年のシーズン前のこと。公式戦チケット購入権を得る抽選券配布での失態と、それにたいする対応の稚拙さに期せずしてあらわれたといえるだろう。

ここ数年、カープの公式戦チケットは入手困難な状態がつづいている。いわば〝真っ赤なプラチナチケット〟と化しており、販売にあたってはさまざまな混乱、トラブルが頻発してきた。さらに法外に高額な転売チケットが飛び交う事態は社会的な問題にすらなっている。そんな状況を改善するどころか、事態を抜本的に改善しようとしてこなかった球団の不作為によって生起したのがこの一大騒動だった。

「もしかしたらチケットが買えるかもしれない抽選券」を1枚ずつ配るために、ファンに理不尽な強要をしたカープ球団。それはファンが第一であるはずのプロ野球の興行主としての適性を疑わせるものでもあった。あの日ズムスタ周辺に大挙して集まった5万人ともいわれる群衆によって引き起こされた未曾有の大混乱は、カープ球団が抱えていたウミが堰を切って溢れ出たかのようだった。

かつてカープは、ファンと相思相愛の「市民球団」だった。それがいまは死語同然となり、口にするのもはばかられるような〝金満球団〟になってしまった。そしてチームはといえば、球団の一部が私物化しているかのごとしだ。

もし、いまの球団のあり方を看過したままであれば、チケットの抽選券問題に類することはこれからも起きるだろう。そして、ますますファンの思いとは離れた球団へと舵

「坊主憎けりゃ袈裟まで憎い」というが、いずれ「球団憎けりゃ、チームまで憎い」になってしまいかねない。いや、すでにその傾向は露呈しつつある。

そんな危機感から、ここにあらためてこの著書を世に問いたいと思う。

＊本文中の敬称は基本的に略させていただいた。

目次

目次

第4章　表の光と裏の影　125

ズムスタ、本日も満員御礼！　広島東洋カープの研究

プロローグ――ふたつの優勝

カープの25年ぶりの優勝から、すでに3年が過ぎた。

その間、カープは毎年優勝を果たしてリーグ3連覇。いまやカープがリーグの覇者であることを疑うものはいない。これからもしばらくは、下位に沈むようなことはないだろう。まさに黄金時代といってもいい。

しかし残念ながら、リーグ優勝の先の日本シリーズでは、ことごとく敗退。2017年はクライマックスシリーズで敗退しシリーズに出場することすら叶わなかった。

リーグ戦での圧倒的な強さと、日本シリーズでの意外な脆さ。その原因は「長期戦と短期決戦の戦いのちがい」といわれる。そのための戦力と采配の差が原因なのだろう、と。

たしかにそれが一因であったことは否定できない。カープはリーグ戦と同じメンバー、同じ戦い方で短期決戦に挑み敗退していたのだから……。

しかし日本シリーズに3度挑戦し3度破れた前後、カープ球団の周辺で起こった出来事に注視してみると、グラウンド外の要因が影をさしているような気がしてならない。

圧倒的な強さで制覇してきたリーグ優勝は、たしかに選手個々のパフォーマンスが結集したチーム力がなせるワザだった。しかし日本シリーズを制するには、相手チームとの物量の差だけではない、何かが足りなかったのではないか。

——その何かとは？

純粋なチーム力だけではない何か、カープの球団としてのあり方、たたずまいのありようとでもいおうか。

リーグ優勝はチームの強さの証明として、そして選手たちへのご褒美として達成することができた。しかし、日本一にはふさわしくない球団。そんな審判がくだされてきたように思われるのだ。

２０１６年にカープが25年ぶりに優勝したときは、マジック20が点灯してから優勝するまで、まったく足踏みすることなく、危機感を抱かせることもなく、カープはVゴールを駆け抜けてしまった。ファンとしては、心構えができないままコトを迎えてしまった戸惑いのようなものもあった。

テレビの実況で解説者であった大野豊、小早川毅彦の両氏が口を揃えて、その瞬間を迎えようとするナインの「優勝慣れしていない戸惑い」を口にしていたが、それは当のご両人、そしてファンである私たちにも当てはまる心境だったのではないか。

当時は、そう思っていた。なんといっても四半世紀のブランクがあったのだ。

しかし今にして思えば、その戸惑いには不慣れとはちがう、ある感慨がひそんでいたのではないかという気がするのだ。

——過去の優勝とは何かがちがう……。

そんな感慨。

これはもしかすると、カープの初優勝をリアルタイムで経験したファンには共有の実感だったかもしれない。あのときの感動、歓びとは、たしかに何かがちがっていたのだ。


カープが1975年に初優勝したときのファンの歓びを伝えた文章といえば、中国新聞の「球炎」で津田一男記者がものした記事が世評に名高い。未来永劫ありえないだろうといわれていたカープの優勝。その前代未聞の感動を、その渦中にいなければ書けなかった筆致で見事に表現したものだ。

美文というのではない、感動の質とスケールとをそのまま原稿用紙にぶつけたような表現とでもいおうか。津田のカープ愛、彼の筆力、時の運という巡りあわせの妙がなければ生まれなかったものだろう。

あの時の感動を等身大、等量で語り得たわけではないにしても（そもそも、そんなことは不可能だろう）今にその大きさと熱量を伝える名文だ。

以下にその冒頭部分を紹介してみたい。


真っ赤な、真っ赤な、炎と燃える真っ赤な花が、いま、まぎれもなく開いた。祝福の万歳が津波のように寄せては、返している。苦節二十六年、開くことのなかったつぼみが、ついに大輪の真っ赤な花となって開いたのだ。


この記事を津田は落涙しながら書いたという。彼が歩みを共にした〝カープ前史〟ともいえる苦難の時代を知る者なら、最初の一行を書くか書かないかのうちに、彼の目から涙が溢れ、こぼれ落ちたのが想像できることだろう。そう、わが身にその姿を重ねて……。

彼は「真っ赤な、真っ赤な、炎と燃える真っ赤な花」と、カープの赤ヘルにかけて、選手たちの健闘とファンの熱狂とを「赤」に喩(たと)えた。その思いが読者の気持ちを解放して、大きな感動へと誘った。

では25年ぶりの優勝を書いた「球炎」はどうだったろうか。同じく冒頭部分を引用してみよう。

赤がまぶしい。グラウンドも、そして三塁側から左翼席も。ナインとファンは、いつしか途絶えていたキャッチボールを再開。それが下地となった輝きが何よりうれしい。春の期待は淡くても、32年ぶりの11連勝で色濃さを増し、秋の深まりを待たずに誇り高くきらめいた。

残念ながら、津田のそれに比べて伝わってくるものがない。というより、何を訴えたいのかすらわからないといっては失礼だろうか。ここに登場する「赤」は、そのままベタなスタンドの描写にとどまり、感情を揺り動かすシンボルに転換することはない。

しかしこれは担当記者のカープにたいする熱量のちがい、筆力の差ばかりに原因があるのではないだろう。

長い低迷期を経ての悲願であった〝優勝〟を目前にして、われわれが襲われた「戸惑い」。そこに初優勝したころのカープと、今のカープとのちがいが期せずして浮かび上がったような気がしてならないのだ。

――いったい、カープの何が変わってしまったのか？

それをいまから、みなさんといっしょに検証してみたい。

第1章 広島の〝ブラックマンデー〟

チケット求めてズムスタへ

まぶしいほどの春の光に映えて、ズムスタは長閑(のどか)な時間のなかにたたずんでいた。

2019年の開幕戦を2日後に控えた3月27日。ふらりと公式戦のチケットを買いに来たのだったが、正面玄関にまわってみると、20人ほどの男女がたむろしているだけ。そのうち小旗を持った制服姿の女性が前に立って歩きはじめたかと見る間に、ひとびとは列をなして球場の外周へと歩みはじめた。どうやらズムスタの見学客らしい。

——統率のとれた行列……。

それを見て〝あの騒動〟が脳裏に甦った。

5万人の群衆がスタジアム周辺を埋め尽くした異様な光景。

まるで沈黙のデモ行進のようにすら見えたあの大騒動。それがひと月あまり前に、ここズムスタであったことを。

チケットはすでに完売状態だったから、わずかでも残っていればもうけものだった。事前にホームページで調べてみると、いくつかの試合の内野自由席とビジターパフォーマンス席が「△」印。つまり「少しは残っとるで」とあるだけ。

チケットの一般販売がはじまった3月1日、2日の時点ですでに似たような状況になっていたので、逆にいえばそれからほとんどチケットは動いていなかったことになる。さすがにチケットの飢餓状態にあるカープファンも手を出さない席が買われもせずにまだ残っているということだったのだろう。

球場見学の列が階段の影に消えるのを見送りながらチケット売り場に行くと、電光ボードに9月の残席が表示されていた。もちろんそこには残券なしの「×」がびっしりと埋まっていて、余裕ありの「○」や、売り切れ間近の「△」のマークはひとつも見当たらない。

9月といえば、シーズンも後半戦に入っている。そんな先の試合のチケットが、ここズムスタにかぎってはすでに「完売」となっているのだ。

そのいっぽう、ネット上では高額のチケットが飛び交っていた。ネットショップではこのころすでに5月連休のジャイアンツ戦のスカイシート(3000円)が2万5千円、ビジターパフォーマンス席(1900円)が9000円という高値で売られていて、その金額ばかりか枚数の多さにも驚くばかり。転売マーケットは異様な活況を呈していた。

このアンバランスというか主客の逆転現象は、とても健全といえるものではない。「こんな状況を何年も改善できないカープ球団は、興行主としてどうなのか」と首をかしげざるをえなかった。

窓口に向かうとメガネのおばさんがひとり、カウンター越しの丸穴からひと待ち顔で声をかけてきた。

「はい、いらっしゃいませ」

「ネットで残席を見たんですが、指定はもう残ってないんですよね」

「そうですね。自由席か、あとはビジターのパフォーマンス席ですね」

「ヤクルトの9日だったかな、ビジターは空いてたと思うんですが」

「よんがつのここのか、ですね」

ここでは4月を、紛らわしくないように「よんがつ」というらしい。こんなところだけはしっかりと対応できているのが妙におかしかった。

「あったら、お願いできますか。それと、指定はすべて売り切れているとして、当日、チケットが出るってことはないんですか?」

「なんともいえないんですけど、基本、もう売れてたらこちらで売り買いはできませんから」

「ですよね」

「ちょっとお調べしますが……」と、おばさんが発券機のモニターとにらめっこしている間に、カウンターに置かれてあったポケットスケジュール表を抜き出した。ここには試合の日程とともにチケット販売のスケジュールが載っているはずだった。

「これ、いただいていいですか?」

「どうぞ」

折り畳まれたポケット日程表を広げて「もう、いまさら意味はないですけどね」と、皮肉を込めていうと、「いえいえ、お家でテレビ観るときの参考に」と、おばさんは真顔で返してきた。

もっともカープの場合は一括してチケットを販売してしまうため、他の球団のような「販売スケジュール」は存在しない。したがって日程表は日程表で、たしかにカープに限っては「テレビ観戦の参考に」しかならないのだった。

そのうち結果が出たらしく、おばさんが華やいだ調子で声をかけてきた。

「3月9日、内野自由席ならお取りできます!」と。

残席があって、なんとか期待に応えられたことがうれしかったようだ。

しかし残念ながら、こちらははじめからビジターパフォーマンス席が希望だった。

客の入りが悪いと、ジャイアンツとタイガース戦以外はカープファンも入れて二分されるようになったビジパフォが一体どんなシュールな状況になっているのか、せっかく「ほかの指定席は買えない」のならばと一度のぞいてみたかったのだ。

「ビジパフォは？」

「ビジターは、こちらの日はいっぱいです」

たしか家を出る時は、残席はあったように思ったのだが、ここまで来るうちに売れてしまったのか。それとも、もともと案内がいい加減だったのか……。

「10日はどうです？」

モニターとにらめっこしているおばさんにリクエストしてみた。

「この3連戦で、どこか空いていれば……」

「10日は空いてます」

「じゃ、それを」

「何名様？」

「ひとり」

「おひとりさまで」

「ひとりで、お願いします」

そういって財布の中の札をさぐっていると、こんどはおばさんの方からリクエストを返してきた。

「11日も見てみましょうか？」

抜け目ないというか、商魂たくましい。球団フロントの薫陶うるわしくといったところか。

「いえ、10日だけでけっこうです」

「それでは画面でご確認くださいね」と、おばさんは窓口越しに目の前のスクリーンを示す。そこにはチケットの種類、値段が大きく表示されていた。

——こんなボード、いちいち見せていたっけ？

思えば、この売り場でチケットを買った記憶はほとんどなかった。いまのような人気になる前は、どこからともなくチケットはまわってきていたし、人気が過熱して入手困難になってからは買えるはずもなかったのだから。

茫然と画面を眺めていると、おばさんが内容を復唱した。

「よんがつのとおか、ビジターパフォーマンス席1名さま。お値段1900円です」

「はい」

「では、1900円、いただきます」

千円札2枚を渡すと、お釣りを出しながら「発券後はキャンセル、変更はできません」と、おばさんは事務的にいった。

「わかりました」

「ではこちらがチケットになります。大変お待たせしました。ありがとうございますー」


その、「よんがつとおか」の対スワローズ戦。

カープの中田廉投手の外角シュートを流し打った雄平のレフトフライを、カープ長野がキャッチして3アウト。ようやく長い長いスワローズの攻撃が終わったとき、スコアボードには「12」の数字が浮かびあがっていた。

試合はカープ野村、スワローズのブキャナン両投手が中盤までに3失点して早々と交替したものの、中継ぎ陣がともに踏ん張って3対3のまま延長戦に突入した。その直後の10

回表のカープの悪夢だった。

連打されては塁を埋め、勝ち越し打が出たと見る間にダメ押し点。またまた塁が埋まってタイムリーヒットの連発。このときズムスタのダイヤモンドは、スワローズ選手たちのものだった。

延長での1イニング12点は、それまでの最多失点を塗り替える不名誉な記録だった。それも抑えの中崎を投入しながら、名手の菊池が失策を連発しての大量失点。リーグ4連覇がなるかとみられていたカープの情けなさに、ズムスタを埋めた3万人あまりのカープファンは茫然自失してしまった。

まるでノーガードになったボクサーがパンチをくらいつづけるような惨劇。それを茫然と見詰めているしかなかったファンのなかには、すすり泣くものさえいたほどだった。

この無惨な負けっぷりを目にして、あることに思いをはせたファンも少なからずいたことだろう。

——「ズムスタの呪い」ではないのか?

その日は開幕から数えて11試合目だったが、そこまでの3カードでカープは勝ち越しがひとつもなく、この敗戦で3勝8敗の借金5。リーグ3連覇のディフェンディングチャンピオンの勇姿はなく、目を覆うばかりのチグハグな戦いぶりがつづいていた。浮上への予兆は、どこにも見いだせなかった。

前述したように、この日の試合は、開幕前に買えた数少ないカードだった。いわばチケット入手のための厚くて高い壁の綻びからのぞき観たような試合。そこでのカープの残念な結果をみれば、つい球団のしでかした〝抽選券騒動〟の報いがこんなかたちであらわれたのではないか、と考えても不思議ではなかった。

「チケットでファンを泣かせた報いじゃろ?」

ズムスタの呪い。カープファンの怨念。そんなことが頭をよぎったのは、一部のカープファンにとどまらず、あの事態を見聞きした他球団のファンのなかにもいたかもしれない。

「チケットも取れない上に……」という憐憫(れんびん)の情も交えて。

もちろん選手たちに罪はない。フロントのしでかしたこととチームの戦いぶりとは別の話だ。しかし、カープというチームのイメージを汚してしまうようなタネを球団フロントが撒いてしまったことは、残念ながら事実だ。あの事件は、もちろん選手たちも見聞きしていたことだろうし、そのことで彼らのモチベーションに小さなキズができてしまったのだとすれば、それは残念なことというほかはない。

〝難民〟にされた5万人のファン

２０１９年2月25日、ズムスタの周辺には5万人という途方もない群衆が押し寄せていた。

スタジアムの収容人数は約３万３千人だから、その数をゆうに超える数の老若男女が、球場の外で一歩も進むこともできないまま、押し合いへし合いひしめき合っていたのだ。

それは「マツダスタジアムで開催されるカープの公式入場券を買う権利を得るための抽選券」を求めて押し寄せた群衆だった。くりかえすが「チケットを買うため」ではない。抽選によってその権利を得られるかもしれない〝紙切れ〟を求めて集まって来たひとびとが期せずしてつくってしまったものだった。

「カオス」とも表現された異様な群衆を見て、その目的を想像できたものはいなかっただろう。目的と現実とは、あまりにも乖離していた。目的を見失ってしまったかのようなひとの群れは、まるで〝難民〟のようですらあった。

2019年の球春を告げる春のキャンプが間近に迫った1月29日、広島東洋カープ球団からある発表があった。ここ数年来、毎年のように混乱を招いてきた入場チケットの販売について、球団が改善策を講じるというものだった。

その内容は公式サイトでつぎのように発表された。

2019年度公式戦入場券販売整理券の抽選についてのお知らせ

3月1日(金)からの公式戦入場券窓口販売のため、抽選券の配布を行います。

抽選は3月1日(金)に窓口販売させていただく1300名様(10:00~販売開始)、3月2日(土)に窓口販売させていただく800名様(13:00~販売開始)の計2100名様の選出、および購入順を決定することを目的としております。

抽選券は2100枚を超えても下記抽選券配布時間内にご来場されたすべてのお客様に配布いたします。

詳細につきましては以下の通りとなりますので、ご確認いただきますようお願いいたします。

■抽選券配布日時

2月25日（月）　午前11：00（予定）～

※午前11：00までにご来場されたお客様に抽選券を配布いたします。

※抽選券は2100名を超えても、ご来場されたすべてのお客様に配布します。

※配布開始時間は当日の状況により早める場合がございます。

※上記期間以外での配布はいたしません。

この〝改善策〟が、プロ野球史どころか社会的にも例をみない異常な事態を引き起こしてしまったのだ。

カープの公式戦入場券は、ここ数年入手が困難な状態がつづいている。例年、発売と同時にほぼ売り切れてしまい、買いそびれたファンは、観戦したければ転売チケットを買わざるを得ない。そのため高騰した転売チケットがネットなどにあふれ、憂慮すべき状態となっている。

球界では過去にも不祥事や事件が起き、騒動がもちあがってきた。黒い霧事件のような賭博がらみの事件や、金銭・女性がらみのスキャンダル、また球界再編のような球界全体をまきこんだ騒動もたびたび起こっている。

ただ、それらは選手の不始末であったり球団同士の利害のぶつかりあいであったり、いわば球界という瓶の中で起きた波風というものだった。

しかし、このカープの「抽選券騒動」は、何万人ものファンを巻き込み、彼らに害がおよびかねない事態に遭遇させ、社会を混乱に陥れたという意味では空前絶後のトラブルだった。

１９８７年10月19日の月曜日にニューヨーク証券取引所が発端となって世界規模で史上最大の株価大暴落が起こった。この世界的なパニックをブラックマンデーというが、まさに広島発の「球界のブラックマンデー」ともいいたいような事件だった。そしてその事件と同様に、この日カープの〝株価〟も大暴落することになった。

あの日、２０１９年2月25日の月曜日にいったい何が起こったのか、ここで球界のルールにならって〝リプレイ検証〟してみたい。

前述したように、カープの公式戦チケットを窓口で買うためには抽選券を手に入れなければならなかった。そしてその条件というのが「この日の11時までにマツダスタジアムに来ること」だった。

この年カープ球団が抽選方式にするまで、チケットの窓口購入は先着順だった。人気のチケットを先着順にすれば、混乱がおきるのは当然で、例年、発売日のひと月も前からズムスタには転売目的の、いわゆる「転売ヤー」も入り交じっての順番争いでテント村ができていた。テント村はあたりの景観を損なうばかりか、喧嘩もたえず、近隣に迷惑をかけるような事態が常態化していた。

そこで球団は混乱を回避するためとして数年前から整理券を配り、その番号順でチケット購入ができるようにした。それでも整理券を求める混乱が生じるなど、事態は好転することはなかった。

それを受けてカープ球団は、２０１７年のシーズンから、窓口販売の公式戦前売り入場券について、それまで何試合でも何枚でも無制限に購入できていたものを、「ひとり5試合までに制限」した。にもかかわらず混乱がつづいたため、この年から整理券方式もあらためて抽選方式を採用したのだった。

しかし、このあらたに導入した方法も打開策とはならなかった。というより、さらに事態は悪化してしまった。

この日、午前7時過ぎには、すでにズムスタの入り口へとつづく大型スロープを埋めつくす行列ができていた。

このころツイッターには、朝日がまさにのぼろうとしているズムスタに向かって、防寒スタイルの群衆がびっしりと並んだ様子の写真に添えて、こんなツイートがあがっていた。

マツダスタジアムなう
本日チケット購入整理券配布
今現在この辺りまで並んでます

この時点で、群衆の数は千人ちかくまでふくれあがっていた。すでに混乱の予兆はあらわれていたのだ。当初は球団職員やガードマンから誘導の指示もあったが、いつの間にかそれらの姿は見えなくなり、混乱がはじまった。

午前8時前後には、スロープをはみ出した行列は統制を失ってしまう。広島駅からスロープに向かってくる列と、南の段原方面から集まってくる群衆が合流して収拾がつかなくなった。

球団はスロープ最上部のゲートを開けて群集を球場内のコンコースに引き入れた。そしてスタンド外周のコンコースを反時計回りにレフトの抽選券配布所まで導いたが、それでもすぐにスロープは満杯となって、ひとびとは球場外にあふれかえった。

9時ごろには、球場から600メートルほどの愛宕踏切にまでその列は達した。前に進めない行列はさらに膨らんで踏切内にあふれるようになった。JRは仕方なく15名の職員をだして踏切周辺の整理にあたらざるをえなくなった。

この混乱ぶりが一望できた荒神陸橋の上には、いつからか野次馬が集まってきてスマホで撮影した写真や動画をネットで配信しはじめた。そのため、この騒動は一気に全国に知れ渡ることになった。

その映像には、びっしりと道路に埋まったひとの波が、ズムスタ方面から延びて愛宕踏切どころか広島駅方面へとずっとつづいている様子が見えた。それは、のたうつ大蛇のように膨れていった。その長さは1キロではきかなかっただろう。その群衆が車道にまで溢れでて交通渋滞を引き起こしていた。

パトカーが出動して交通整理にあたったが、回避する道にも車はつまっていて身動きがとれない状態だった。そしてここズムスタが基点となった渋滞は市内全域へと広がって交通パニックを引き起こしていた。

通勤車や商用車は何時間も足止めされ、バスの運休があいついだ。郊外からバスセンターに向かうバスも大幅な遅れとなった。もちろんその乗客の中には、マツダスタジアムに向かっていたひとびとも少くなかった。

JRからは列車の運行に支障が出かねないと球団にクレームが届いた。警察からも事態の収拾にあたるようにとの要請があった。

そのため球団は11時から予定していた配布時間を1時間半以上も前倒しして9時20分にははじめている。しかしその配布体勢も貧弱だったために、捌ける人数よりも集まってくる群衆の方がはるかに多く、事態は悪化するばかりだった。

このころには、ネット上でもこのズムスタの騒動は〝祭り〟になっていた。それらをいくつかピックアップしてみよう。

カープ公式戦チケット購入の「抽選券」の件、すごいことになってるじゃん。広島に出張で来てる取引先の人から「マツダスタジアム周辺でとんでもない混雑に巻き込まれてるんだけど今日何かあるの？」って連絡来たので Twitter 見てだいたいのことを把握した。

カープ抽選券に並びにきたけどやばいどころじゃない！
警備員いないし踏切までも人が溢れて車が通れないから電車が通れない
カープ関係者完全にふざけてる！
対策全然考えてない！！

長年カープファン＆サンフレサポのハイブリッド（両方かなりガチ）をやって来ましたが、そろそろサンフレ一本に絞ろうかと本気で考えてます。愛想が何たらです。
抽選外れたら浮気なしのサンフレ愛一本で決まりです(´∀｀)
あ、旧市民球場時代のカープはカッコよかったです。

ご近所様や交通に影響を与える今回の方式は、市民球団として地元に支えられてきた球団が主導していることに疑問を感じます。

これはダメだ。。
人気に胡座をかいてるわ
今の時代はＳＮＳがあるので、こんなん瞬時に拡散されるんよ
慢心が仇になる
そんなこと起こるよ

マツダスタジアム
ズムスタ
大暴動 www…

今ここまで進みましたが、脇から脇からわりこんで来る人が多数で球場側列・広島駅側列の合流地点のプロムナード下はわやくちゃですわ (;´д｀)

最後尾看板など、並んでいる人を整理したりする為の警備員等、まっっったく見受けられませんでした。

一体、誰が並んでいるのか、並んでいないのか。

広島駅からスタジアムまでの道、みんな広がって歩いていて、クラクションの音も凄かった。

確かに想像を超えていたかもしれんけど、言い訳にはならん。

松田元　金の塊に見えて嬉しくて仕方無いだろうな💰💰💰

売れればいいのか？って言われてもおかしくない。公正な販売をして欲しいだけでしょ？転売対策とかやってるように感じませんもの。

段原あたりから渋滞、空には報道ヘリ。カープの整理券配布の様だけど客に時間の無駄使いを強いる商売ってそんなに長く続かんと思うよ。

広島駅まで列出来て、カープロードは警察とＪＲの人に車両通行止めされてた。帰りに会った人知らないでずっと駅前に並んでたらしい💦窓口に不満ある人詰めかけててマイクで謝罪してて現場カオス😱取材の人に怒って愚痴言う人殺到。夕方ニュース大変だと思う。対策予測甘すぎる💦

これはデモじゃないけど球団が混雑を想定して道路使用許可等の手続きしてなかったら広島県警は書類送検なり何なりお灸を据えて欲しい
抽選券貰えなかった人の中には新幹線乗って遠方から来た人も居るだろうに

抽選券はみんなに配るって言ってたのに酷すぎる
(T_T)

カープファンはあまり好きじゃないけどこれは球団が悪い！当選する人数は決まってるのだから整理券はみんなに配っても全然問題ないはず。

球団の甘さにムカつきますよ
並んでる人がいるのに
放送も発表もなにもなくて
数万人が知らなくて並んでる状況です

転売屋さんがバイト大勢雇って抽選券貰いに行かせるってパターンも多そうにゃ…
そもそも平日の午前にこれる人だけに抽選券与えるってやり方が転売助長してますにゃ
一般ファンが不憫ですにゃ💧

広島カープのなんかのヤツで「並んだけどアカンかったー」みたいなの流れてきたんだけど、球団はとりあえず巨人か阪神からファンの扱い方（チケット販売や球団マナーも含めて）のノウハウを学んだ方がいいと思います。

これらのツイートには「抽選券を買うため」と、勘違いしたものがいくつか混じっていた。転売屋が抽選券を買い漁っているというイメージが頭にあったのだろうし、これだけの騒動であれば「買う」のが目的なのだろうと理解しても不思議ではない。

「抽選券をもらうため」にこれだけの騒動になるというのは、ふつうなら想像できないからだ。

それは、チケットを求めるファンにたいして、平日に、しかも短時間に限っての来場を強いるという、抽選方式にはなじまない非常識な条件をカープ球団が課したからにほかならない。

前掲のツイートにもあったが、そもそも抽選方式なのだから、別に時間を制限し場所を特定する必要はなかっただろう。「11時までに来い」ではなく、「11時からなので余裕を持って来てください」というかたちに、なぜできなかったのか。フツーの勤め人や学生がそんな日時にスタジアムに足を運ぶことなどできはしない。まるで「一般人はチケットを買う権利はないんだよ」といわんばかりのやり口でもあった。

この方式が購入希望者の焦りを生み、ズムスタに殺到した群衆によって大混乱が生じてしまったのだ。

「土下座せーや！」の怒り

午前10時50分。

所轄の広島南署が広島駅と球場とを結ぶ道路への車の乗り入れを禁止した。しかし人混みが邪魔をして、まともに交通整理すらできないありさまだった。事態をのみこめないドライバーは、そのまま侵入していき、それがさらに混雑に拍車をかけた。道路はひとの群れで塞がれて車は前進もバックもままならず、数珠つなぎのまま身動きできなくなっていた。

職員をかりだし群衆を誘導していたＪＲは、愛宕踏切内の危機をなんとか回避していた。その間、カープ球団からは応援がくることもなく、まるでこの混乱を他人事とみているかのようだった。

カープは近年、入場者の急増、グッズ販売の好調で莫大な利益を得ている。事業余剰利益は毎年百億円をくだらないともいわれる。その利益はいったいどうなっているのか。この素朴な疑問にたいして、松田元オーナーは「警備の方にまわしとる」と、世間を煙にまくような発言をしている。

数年前にくらべてズムスタの警備やサービスが何十億円分も手厚くなったと実感しているファンはまずひとりもいないだろう。このような事態でろくに警備が出ていないことを見ても、それが詭弁であったことがわかろうというものだ。


そして、いよいよ11時となった。

そのとき唐突に、「11時までに敷地内に入っていなければ抽選券は配布できない」とガードマンが拡声器でアナウンスしはじめた。プロムナード入り口のゲートはすでに閉じられ、その時点でゲート内に入場していたものまでで行列は断ち切られた。

これを境に、それまで耐えに耐えてきた群衆の怒りが爆発した。その模様はネットでまたたくまに拡散されたから、ご覧になった方も少なくないだろう。

球場のまわりには、まだ何万人ものチケット購入希望者たちがいた。そのほとんどが11時までには球場に到着していたのだ。それにもかかわらず「プロムナードに入っていなかった」という理由で抽選券の受け取りを断念させられることになった。

それでもまだ事態が理解できない来場者のほとんどが、列を離れず待ちつづけていた。

「なにいうとるんや、わしらとうの昔にここに来てずっと待っとったんで。11時までには来とったじゃろうが」

職員やガードマンに向けて怒号が飛び交った。

ゲートの方へ詰め寄るもの、あきらめて帰りはじめるもので、行列はバラバラになっていった。

「わしらにどうせえいうんな。並んでていいの？ 悪いの？」

職員は怒号の勢いに気圧されて、ただ群衆からの視線をさけて目を泳がせるだけ。いいわけをするでもなく、釈明もせず、事態の説明もなかった。ときどき隣のガードマンに何か耳打ちするだけで、群衆に真摯に対応する様子は見られなかった。

その態度にキレた群衆から、つぎつぎに罵声が飛んだ。

「チケットの売り方が問題じゃいうて、毎年出るじゃん」

無言のままの職員とガードマン。

「あれほんと恥ずかしいんよ、その球団の雰囲気が！」

その怒りには、長年のカープ球団の無作為にたいするため息も混じっていた。

そのうち、さすがにまずいと思ったのか、しどろもどろになりながら職員が口を開いた。

「安全を考えてのことで……、プロムナード内にいる人までカットを……。たいへん申し訳ない」

そのひとことに、あちこちから嚙みつく声があがる。

「マイクでいえや、マイクで！　聞こえんのじゃあや」

「だったら、まだ待っとってひとに教えてあげてください！」

職員は無言のまま後ろ手に群衆に対峙していたが、そのうち回れ右して、われ関せずとよそを向いてしまった。

それを見て、さらに群衆の怒りが増幅された。

「なんねえ、その態度。なんねえ、カープ」

「ちゃんと説明せーや、こりゃ」

そして、怒りはとうとう頂点に達してしまった。

「土下座せえ、土下座！」

「土下座はいらんけど……」

そういった女性は、さらにいい募った。

「これだけの人が、これだけの人が取りに行きたいのに、なんでそんな態度ですか！」

職員がガードマンに何かを指示し、男が拡声器で説明をはじめた。

「今回は初めての方式だったため……、皆様には大変ご迷惑をおかけしました。今回の件は次回に生かしたいと思います。今日はお引き取りください」

するとそれを見た群衆のあちこちから、さらに怒号があがった。

「あんたじゃないんだって」

「ニットーは関係ないわ」

と、警備会社のスタッフにも怒りの矛先は向けられた。

「なんでも業者にやらすなや、カープ。グッズ業者いじめるみとうに」

これらの騒動は動画で撮影されツイッターにアップされた。それはすぐさまリツイートされ、ネット上の〝祭り〟は瞬く間に拡散されることになった。

もちろん怒りは球団本体に向かった。

群衆の多くは、球団事務所におしかけ、抗議の声を浴びせつづけた。

「なんでもらえんのじゃ」

「ちゃんと説明せえや」

「いまここで配れや、まだあるんじゃろーが」

ひとの輪はどんどん大きくなり、警察が出動する騒ぎにまでなった。それでも怒りの抗議はおさまらず、夕方遅くまで人垣がくずれることはなかった。

もともと球団が想定した人数はコンコースに1万人、プロムナードに5千人、プラスアルファで最大2万5千人。その2倍の人数が押し寄せたために混乱を収拾できなかったと球団側は事後に弁解した。しかし、その数ならコントロールできたかといえば、あの対応を見る限り疑問といわざるをえない。

その日のヤフーニュースで流れたカープ球団のS入場券部長の弁明は、こうだった。

安全を考え、プロムナード内にいる人までカットした。抽選券は5万枚用意したが、何枚渡せたかはわからない。たいへん申し訳ない。

そして、つぎのようにも述べた。

救済措置は混乱に拍車をかける。あえてやらない。

球団が想定していた人出は、プラスアルファをふくめても2万5千人だった。それなのに5万枚の抽選券を用意していたという。想定の倍の数字、「余裕をもって」というレベルではない。その差に嘘がふくまれていたのだろう。

もしかしたら5万人近くは来るかもしれない。そう考えてそれだけの数を用意していたのではないか。そして実際にそれだけの人数が来たが、11時までという短い時間ではそれを捌くことができなかった。その見込みの甘さを隠すために、想定人数をひき下げた。そんなところだろう。

S部長は「救済措置はしない」ともいっていた。「混乱に拍車をかけるから」と。

「なんねえ、カープ」

先の怒りのファンのように、きっとあなたもそう叫びたくなったことだろう。

混乱を招いた責任は球団側にあった。ファンに無駄な時間を浪費させ、危険な目に遭わせ、約束を反故にしたという被害・損害を与えているのだ。だとすれば、最低でもその救済はしなければならない。ところが、それが可能かどうかを検討することもなく、即座に

「救済はしない」といい放つ。この身勝手で傲慢な姿勢が、今回の混乱・不祥事を招いた球団の根本的な体質ともいえそうだ。

「まるで人が、ゴミのようだ」

ズムスタを取り囲んだ大群衆を、そう表現したツイートがあった。

あんな混乱を招きながら有効な手だても講じず、その不始末をきちんとフォローしようともしなかった球団は、文字どおりカープファンをゴミ同然にしてしまったといえるのではないか。

転売上等?

2019年の購入方法は先着順から抽選へと変わった。ところが購入できる枚数は「5試合まで無制限」のまま据え置かれた。

「ひとり5試合まで」といえば、いかにも縛りをかけているようで改善した感はあるが、逆にいえば「5試合しか観なくていい」といっているのも同然だ。

「そのかわり何百人同伴してもええで」と、そういわれて、「ラッキー!」と喜ぶファンがいるとは思えない。

ズムスタに熱心にカープを応援しに行くファンで、年間5試合だけというケースはほとんどないはずだ。すくなくとも10試合、20試合は観戦していることだろう。

そんなファンは、はたしてどうするか……?。

シーズンがはじまる前からチケットは完売している。あらたに買おうにも買いようがない。ならば転売チケットを手に入れるしかないだろう。

「5試合に限って無制限」

このカープの販売システムに合理性があるとは、とても思えない。

しかも、抽選に当たって優先的に買える人数は２１００人に限られていた。極端にいえば1シーズン２００万人以上が入場するズムスタのチケットを「２０００人ほどに絞って購入させている」という制度なのだ。先行販売やネット販売などをのぞいて単純に計算すれば、ひとり当たり約１０００枚買わせている、ことになる。

ひとりの人間が観戦できるのは5試合しかないから、残りの９９５枚は「転売しなさい」、球団がそういっているのも同じことだ。言葉は悪いが転売を容認しているどころか、教唆しているに等しい。

こんなことは、少し頭をひねればわかりそうなことだ。

「とにかく品薄感を醸しだして、ファンを煽りに煽って売ってしまえ。入場できようができまいが、転売されようがどうしようが知ったこっちゃねーよ。とにかく1シーズン分のチケットを売り捌ければそれでええ」

そんな目論見であるとしか思えない。とても健全な興行スタイルとはいえないだろう。夫婦、家族、あるいはカップルでというのが観戦スタイルの基本だ。とすれば1試合5枚も買えれば御の字だ。かわりに、たくさんの試合をファンは観戦したいのだ。だとすれば1試合の枚数を5枚、10枚までに制限して試合は無制限にするのがまっとうな考えであり売り方だ。


抽選券の配布が大混乱に陥り、予定とは大幅にちがう状況になってしまったにもかかわらず、カープ球団は当初のスケジュールを強行した。

騒動の余波もどこ吹く風、翌26日にたまたまズムスタのグッズショップを訪れた母娘らしきふたりをつかまえて〝立会人〟に仕立て、どのようなプログラムが組まれているのかも不明なパソコンの画面を見せながら〝厳正抽選〟を行い、当選者約２１００人を決定。

3月1日から販売を開始した。

その結果、どうなったのか？

販売初日の3月1日には1300人、翌2日には800人が購入できることになっていたものの、初日だけで人気の指定席はほぼ完売。実際に現場に行ってみたが、ひとりの人間が1時間も2時間も窓口を専有してチケットを買い漁っている状態で、購入者の列はほとんど動くことはなかった。

2日目に行ってみると残席表示のボードには「×」ばかりが並び、「△」の残りわずかは内野自由席とビジパフォ席のみになっていた。

この騒動のなかで、「ひとりで1万枚買ったものがいた」とのツイートも目にした。その真偽は不明だが、実際にそのようにできるシステムなのであるから、それだけ買う人物がいてもなんら不思議はなかった。

球団はそのような人物は一応チェックはしていたらしいが、「購入する時点では大切なお客様だ」とうそぶいて、買うにまかせていたのだ。

ほとんど誰もが必要以上に買うであろう、カープのこのシステム。別名「転売促進システム」とでもいいたくなろうというものだ。

第2章　「市民球団」が〝市民〟を捨てた日

球場の移転が転機に

抽選券騒動が起きたズムスタは、正式名を新広島市民球場という。いうまでもなく、わがカープの本拠地球場だ。ここはネーミングライツで名前が売られた結果、現在「マツダ・ズーム・ズーム・スタジアム広島」、略して「ズムスタ」の愛称で親しまれている。

かつてのホームグラウンドであった正真正銘の「広島市民球場」は、全国にあまたある他の民間の野球場とは性格がちがっていた。1957年に地元財界の有志が資金を出し合って建設し、広島市に寄付したもので、「市営」でありながら「市民」を名乗っていた球場だ。その精神を継いだ球場であれば、安易に名前を企業に売るなんてことは考えるべきではなかった。

ネーミングライツの目的は「将来に想定される改修費のため」だった。もし建設当時、本気で将来の改修費のメドが立たずに、やむを得ず名称を売ったのであれば、いまやその返上を考えるべきときがきている。指定管理者であるカープが毎年百億円を超える事業剰余金を貯め込んでいるらしい現状に鑑(かんが)みて、ネーミングライツは返上できるはずだし、そうするべきだろう。

それをしないのは、もともとの目的が将来の改修費をプールするためではなく、あの球場を「マツダ」という名前にしたかったから、そう思われてもしかたがない。

ネーミングライツを募集した際には、もちろんマツダ以外にも応募はあった。そのなかにはマツダよりも好条件を提示したところがあったというが、その企業には涙をのんでもらってマツダが落札した……。

それは当時、巷間に流布した〝公然たる秘密〟だった。その返礼ということだろうか、涙をのんでもらった企業が、いまズムスタの一番目立つところに看板を確保している。そのことが、噂の信憑性を雄弁に物語っているともいえそうだ。

だとしたら、ネーミングライツを採用した広島市とカープ球団は選考のテーブルの下で仲良く手をにぎっていたことになるのだが……。

もともと老朽化した旧広島市民球場に代わって新球場をつくることになったとき、新球場は現地で建て替えられることになっていた。2004年の球界再編騒動で球団削減がいわれ、カープもそのリストに載るのではないかという危機感をもった広島の財官民が立ち上げた協議会によって、「現地建て替え案」が採択され、市民県民もそれを支持していたのだ。

被爆からの復興を見守るように、半世紀にわたってカープとともに、またファンとともにあった広島市民球場という聖地。そこに新球場が継承されることを望むのは市民県民感情からして当然のことだった。

ところが、ときの秋葉忠利市長が唐突に「新球場は広島駅に隣接するヤード跡地に新設する」とぶち上げた。それまで同じ場所に建て替えてもらえると信じて「樽募金」に協力してきた市民県民が怒ったのはいうまでもない。とはいえ、「建て替えによってカープの興行に支障をきたす。理解してほしい」といわれれば、「カープ可愛いや」の市民県民は追認するしかなかった。

しかし、その理由に合理性はなかった。しっかり検討しての結論ではなく、はじめから「ヤード跡地への移転ありき」だった。広島市民球場と同じ年に竣工した宮城球場を、楽天ゴールデンイーグルスは同じ場所で建て替えながらつつがなく興行していたのだ。

新球場の建設にあたっても、はじめからカープと広島市がテーブルの下で仲良く手をお握りになっていたのだろう。

考えてもみてほしい。もしカープ球団が納得しなければ、移転などできようはずもない。それは広島のサッカースタジアム問題をふりかえってみれば容易に察しがつくことだ。

広島市や県や財界の一部が強行しようとしていた宇品への建設に、サンフレッチェ広島の久保充誉(まさたか)会長がノーを唱えた。「宇品にできても(アクセスが悪すぎるという理由で)サンフレが使うことはない」と。そう明言したことで「宇品案」が頓挫した例があったではないか。

ヤード跡地への移転はカープの意向でもあった。すくなくとも内諾していたことはいうまでもない。あの場所に新球場をつくるというプランを、それまでもさんざん外資と練っていたカープ球団なのだ。

広島市民球場からズムスタへの移転。これが〝ブラックマンデー〟を引き起こしたカープ球団の変節のターニングポイントになったのは衆目の一致するところだろう。というより、市民球団から脱皮したいがゆえに旧広島市民球場から場所を移したかったのかもしれない。

広島市民県民の聖地であった場所から、手あかのついていないヤード跡地へ。そして名前も「市民球場」から「マツダスタジアム」へと変える。それが市民球団だったカープを私物化する第一歩であり、球団トップの悲願でもあったということなのだろう。「ファンとの共生」から、「球団の私物化」へと——。

オーナーそれぞれ

プロ野球12球団の多くは、さまざまな変遷をたどり今にいたっている。経営難から親会社が何度も交替している球団も珍しくはない。なかには消滅してしまった球団すらある。現時点で結成時から経営母体が変わらないのは、読売ジャイアンツ、中日ドラゴンズ、阪神タイガース（いま経営権は阪神電鉄から阪急ホールディングスに移っているが）、そして広島東洋カープの4球団だけだ。

とはいえ、そのカープも厳密にいえば経営母体は変わっている。

つぎの年表を見てほしい。カープの球団史から経営面のエポックと、それに関連すると思われる主な出来事を抜き出したものだ。

カープ球団・経営関係年表

1949年　政官財と市民県民が出資して広島野球倶楽部設立（カープ球団の誕生）。

1950年　広島県営総合球場をホームグラウンドにリーグ戦に参戦。

1955年　負債が膨らんだため広島野球倶楽部を発展的に解消し新会社設立。東洋工業、中国新聞社などが出資し一般公募で資本金2千万円を募る。

1957年　原爆ドームの隣に新ホームグラウンドとして広島市民球場が竣工（財界有志が建設して広島市に寄贈）。

1967年　東洋工業社長の松田恒次がオーナーに就任。息子の耕平がオーナー代理に。

1970年　恒次が死去し耕平がオーナーに就任。

1975年　初優勝。以後、黒字経営がつづく。

1977年　松田耕平オーナーが東洋工業の代表権のない会長に。

1983年　非常勤取締役だった松田元が発券部長兼球団部担当として入社。

1985年　松田元がオーナー代行に就任。

黄金時代を築いた古葉竹識監督が辞任。

1986年　山本浩二引退。

1987年　衣笠祥雄引退。

1989年　山本浩二が監督に就任。

1993年　山本浩二監督辞任、三村敏之が監督就任。
1997年　公式戦チケットの販売を一括方式にする。
2001年　山本浩二が二度目の監督に就任。
2002年　松田耕平オーナーが死去、松田元がオーナー就任。
2004年　12球団の一部経営陣が1リーグ制を画策して再編騒動勃発。
経営サイドの傲慢な姿勢がファンから糾弾される。
2005年　山本浩二監督辞任。
2009年　広島市民球場からズムスタへホームグラウンド移転。
2015年　黒田博樹・新井貴浩の復帰景気で観客動員数が200万人突破。

ご覧のように、創設時のカープは広島市や広島県、地元財界が資金を提供し、市民県民が株を持ち合ってスタートしている。ホームグラウンドは県営総合球場。ここは広島県の皇紀2600年記念事業として地元の学徒が動員されて造成・建築した手づくりの球場だった。高いスタンドで囲まれているわけでもなく、無賃入場も可能で、カープは名実ともにファンとの敷居のないオープンな「市民球団」だった。

それが経営の安定化のために1967年、当時東洋工業の社長だった松田恒次がオーナーとなって経営を一本化。東洋工業が〝親会社〟となり、名称は広島東洋カープとなった。つまり経営母体が「市民」から東洋工業へと変わったのだ。

ただ、その経営権の委譲が他球団のように〝買収〟という印象がなかったのには理由があった。オーナーとなった松田恒次が、「株式の一本化は一時的なもので、カープを私することはない」と公言していたからだ。そうとでもいわなければ、ファンが納得して「おらがカープ」の持ち株を手放さなかったという事情もあったかもしれない。どちらにしても、ファンには、いずれカープは市民に返ってくるという認識があった。

しかし、当の恒次がその3年後に他界して耕平がオーナーを継承すると、「私することはない」はずだったカープの経営権は、うやむやのうちに松田家のものとなってしまった。以来、その状態がつづき今日にいたっている。

もっとも、松田耕平がオーナーだった時代は、地元の財界が資金を出し合い、市民が手弁当で建設に協力した広島市民球場がホームグラウンドであったこともあって、東洋工業が親会社的な球団であるにもかかわらず、カープはずっと「市民球団」でありつづけた。

当時は経営陣もその認識を共有していたのだろう。

まだ優勝が夢のまた夢だったころ。「ファンのために優勝したい」というモチベーションが経営陣にはあった。球団は経営するが、カープというチームを市民県民のために優勝させたいというスタンス。広島市民球場が「選手に近い球場だった」ように、球団もファンに身近な存在だった。

その象徴が、カープを初優勝に導いた古葉竹識だろう。誤解を恐れずにいえば、カープが「市民球団」だった時代の監督は、ファンのだれからも慕われた「古葉ちゃん」こと古葉竹識だった。広島市民球場の半世紀の歴史において現役として12年間チームの顔でありつづけ、監督として11年間指揮を執りリーグ優勝4回、日本一の栄冠を3回も広島市民県民にもたらしてくれたのが古葉であり、その〝後見人〟が松田耕平オーナーだった。

ここで、あらためて年表を見てほしい。

その古葉が監督を辞したのは1985年のことだが、その年に松田元・現オーナーがオーナー代行に就任している。このふたつが同じ年に並んでいるのは、はたして偶然だったのだろうか。

古葉監督は、このときすでに監督歴11年。そろそろ勇退の時期ではあったろうが、あまりにも唐突な辞任のタイミングだった。

成績でいえば前年に日本一となり、この年もリーグ2位。責任をとるような状況ではなかった。また古葉自身にも辞める気持ちはなく、「自分ががまんすれば、まだできただろう」とのちに述懐している。古葉は具体的には言及していないが、腹心の雑賀幸男マネージャーを球団側に一方的に切られるなど、身近な人事をないがしろにされたのが辞任の大きな原因だったようだ。

権力を握った人間が、組織を自分のカラーに染めるために人事に介入するのは世の習いというもの。その一例がこの年表のこの年に記録されていたとみることもできるだろう。結果、「市民球団」の体現者であった、われらが「古葉ちゃん」はカープを去ることになった。

この監督交代劇、いや、オーナーの実権委譲は、その2年後に引退した衣笠祥雄の野球人生にも暗い影を落とすことになった。

前オーナーの耕平が選手を家族のように可愛がり、接していたことはよく知られている。なかでも衣笠祥雄は大のお気に入りだったらしく、巷間伝わるところでは、衣笠を実の息子のように可愛いがり、よくお座敷に呼んではその人格、人となりを周囲に自慢していたという。

だれからも好感をもたれた衣笠祥雄だ。耕平オーナーの心情は、容易に察することができる。ときには実の息子が同席する場でも、〝衣笠自慢〟を抑えられなかったという。そのときの息子の心境、いかばかりであっただろう。

もちろん耕平は、人間性ばかりか野球にたいする姿勢や見識を買って衣笠の将来にも期待した。いずれは監督にと考えていたはずだ。それはファンの思いとも重なるもので、山本浩二監督のつぎは衣笠。それがファンの共通認識でもあった。いまでは隔世の感があるが、当時は衣笠が監督候補の大本命で、山本浩二の目はないとさえいわれていたという。

ところがオーナーの実権が耕平から元へと移ったことで、ついに衣笠監督が実現することはなかった。カープファンのだれもが熱望した「衣笠祥雄が監督に就任」の1行が、この年表に記されなかったこと。それこそが、カープが「市民球団」の看板をはずしたことを意味していた。市民、つまりはファンの意向や要望、願いといったものを顧慮することなく、チームが運営されはじめたという意味で――。

ホームグラウンドがズムスタへと変わった２００９年以降、「脱・市民球団」の傾向はいっそう顕著になった。前述したごとく、地元財界や市民県民の支援で竣工した新広島市民球場の名前は売られ、「マツダ・ズーム・ズーム・スタジアム広島」に決まる。球場名は「マツダ」という一企業のものとなった。さらにカープ球団が球場の指定管理者となると、名実共に球場がマツダのものになったかのごとき私物化がはじまった。球場の広告収入は厚いベールの向こうでやりとりされ、グッズ販売もふくめてカープ球団がいったいいくら収入を得ているのか市民県民は知ることすらできない。

だれはばかることもない、まったくのやりたい放題。その行き着いた先が、あの〝ブラックマンデー〟の大騒動だった。

ファンに寄り添い市民とともにあったカープは、もはや過去のものとなった。いま冗談にもカープを「市民球団」だと強弁する酔狂なファンはほとんどいないだろう。「市民球団」は死語になったといっても過言ではない。カープはいま全国区の人気チームとなって「ズムスタ本日も満員御礼」状態だが、皮肉にもその人気が高騰すればするほど球団の視線はファンから離れ、経営の民主化・透明化は退行しているように映る。

かつてはカープの対極にあったような親会社頼みの球団が、つぎつぎにＩＴ企業というあらたな経営母体を得て、経営の健全化、民主化を押し進めている。また2004年の球界再編騒動の反省から、各球団ともファンに寄り添った経営に取り組んできている。

そんな潮流に抗うように、ひとりカープ球団のみ非民主的な専横がすすみ、球団の私物化が顕著になっているように見えるのだ。

ネットにあふれたブーイング

さて、話を〝ブラックマンデー〟にもどそう。

予想したとおり、ネットにはこの騒動がはじまった直後から、さまざまな情報があふれ、その夜のアクセスランキングで上位を占めたのもほとんどがこの話題だった。主なニュースのヘッドラインを拾ってみよう。

- カープの公式戦抽選券配布打ち切りでファンと一触即発

「全員に配る言うたじゃろ」

AERA dot.　2月25日18：54配信

●人気甘く見た広島の失敗　かえってチケット転売・高騰に拍車も
「ほんとに恥ずかしいよ」「給料泥棒」
「2大問題」解決できない広島球団　J-CASTニュース　2月25日 18：54配信

●広島大混乱！ ファンが公式戦抽選券求め球場に5万人
日刊スポーツ　2月25日 20：15配信

記事のなかには、かなり突っ込んで球団の対応のまずさを指摘しているものもあった。
前掲のJ-CASTニュースには、つぎのようにあった。

毎年のように繰り返される広島の入場券問題。販売方式の課題として広島ファンから指摘されていたのが、「先着順」と「一括販売」だ。
今回は公平性を謳って抽選方式に変更したが、結果的には抽選券の配布を受けられなかった者が続出し、公平性を大きく欠くものとなった。一方の「一括販売」については改善の兆しが見られず、入場券の購入は1人につき5試合までとの条件が付けられたが、購入枚数は制限されていない。

この「一括販売」が諸悪の根源であることは、だれがみても明らかだ。ところが球団はそのことを批判されるたびに、わかったようなわからないような言い訳に終始し、一向にあらためようとしない。

詳しい内容は後述するが、ネットではカープファンのみならず、他球団のファンからも球団への批判と改善を求める声が殺到した。いままではカープとその周辺でのトラブル、騒動に過ぎなかった出来事が全国的なニュースとなり、ネットでも生のツイートが拡散された結果、球団の不手際は日本中に知れ渡ることになった。

ツイッターには、こんなツイートもあった。

広島カープさん、チケット抽選券をもらえなかった方々にお詫びする前に、野球やカープになんの興味も無い方々に迷惑をかけた事を謝罪して下さい

カープ球団は広島市のズムスタの担当職員を伴い、近隣および関係者にお詫びしてま

わったという。しかし、その夜の公式サイトのニュース欄に、お詫びの文言をみつけることはできなかった。そこには、「２０１９年度公式戦入場券販売整理券の抽選配布終了のお知らせ」の見出しで、そっけなくつぎの記事がアップされているだけだった。

本日マツダスタジアムにて行っておりました、公式戦入場券販売整理券の抽選配布は終了いたしました。ご了承くださいますようお願いいたします。

この事務的な報告のみ。抽選券を手にすることができなかったファンへのお詫びも、交通を麻痺させて社会を混乱させた迷惑への謝罪もなかった。

先のズムスタでの抗議の声ではないが、「ほんと情けない」。ことの重大性をまったく理解していない対応、といわざるをえなかった。

カープ球団が正式に「お詫び」を公式ホームページに掲載したのは、翌26日のことだった。抗議が殺到したことで、ようやく事態の重大さを認識したということらしい。

以下にその「お詫び」を転載してみたい。

2019年度・公式戦入場券販売に伴う抽選券配布についてのお詫び

平素は、カープ球団にあたたかいご声援を賜り、誠にありがとうございます。

この度は、2019年・度公式戦入場券販売に伴う抽選券配布につきまして、皆さまにご迷惑をおかけしましたことを深くお詫び申し上げます。

2019年度公式戦入場券販売におきましては、できるだけ多くの方に入場券を購入していただく機会を拡大、さらに転売を抑制することを目的とし2月25日(月)にマツダスタジアムにて、3月1日(金)・2日(土)にマツダスタジアム窓口にて入場券購入できる方を決定する抽選券を配布いたしました。

当初のご案内では、2月25日(月)午前11時までにマツダスタジアムにお越しの方全員に抽選券を配布すると広報しておりましたが、予想を超える大勢の皆さまが短時間でご来場され、マツダスタジアムに向かう周辺道路や施設を埋め尽くして大変な混乱状態となりました。また、マツダスタジアム内コンコース、プロムナードにも人が溢れる危険な状況になりました。そのため球団では、ご来場いただいた方および周辺への安全確保が最優先であると判断し、午前11時にプロムナードにお入りいただいているお客様をもって配布を終了することといたしました。

せっかくご来場いただきました皆さまをはじめとして、多くの方に大変ご迷惑をお掛けしましたことをお詫び申し上げますとともに、今回の反省を踏まえ改善していきたいと存じます。

皆さまには、今後とも変わらぬご愛顧を賜りますようお願い申し上げます。


カープは毎年のように「改善」をいいながら、小手先の対策に終始してきた。その結果、一向に事態はよくならなかったばかりか、とうとう最悪の事態を招いてしまった。

なぜカープ球団はチケット販売にあたって抜本的な改善に取り組まないのか。また、それができないのか。

当事者意識の欠如

球団のチケット関係の窓口となっているS入場券部長が、この騒動後に地元放送局のラジオ番組で受けたインタビューを文字に起こした記事がネットに公開されている。

たまたまある番組で語ったことであり、ニュアンスは活字では正確に表現できないから、文字面をそのまま鵜呑みにするわけにはいかないが、参考までに要旨をご紹介しておこう。大騒動になってしまった抽選券配布騒動についてどう思うかと問われたS部長は、こう語っていた。

「最後ちょっと大変なことになりましたね。あまりにも想定外、スゴイことになりましてですね、10時過ぎた頃から一挙に来て、ちょっと危険な状態になったんでですね、途中で中断するという風なこともありました」

また、チケットの販売を複数回に分けて実施してほしいというファンの声もあるが、と水を向けられると、「今回のようなことを4回も5回もやることは考えられない」と否定的な見解を述べていた。

そして、一括して販売しはじめたのは「1回で買わせてほしいというファンの声もあったから」と前説を補強していた。

さらに、買える枚数を制限してみたらどうかというファンの声もある、という問いかけには「カープとして地域に密着する球団という風に思ってますので、子供会とか町内会とかのコミュニティに買いやすい形を残したい」のだ、と弁明していた。

冒頭で騒動について「ちょっと大変なことになりましたね」と切り出していたように、この出来事をまるで他人事のようにとらえている印象がぬぐえなかった。あたかも野次馬が、遠巻きに騒動を見ていたかのようなものいい。そこには当事者意識の欠如が見てとれるばかりか、騒動を引き起こしたことへの自責の念も汲みとれなかった。

また、弁明の内容も説得力に欠けていたといわざるをえない。

販売期間の分割には「このような騒動を4回も5回も起こすまねは出来ない」というが、一括で販売してファンを煽るようなことをするから大騒動になったわけで、分割して販売すればリスクは分散されるし、先があると思えば当然ながら自制も働く。このような大騒動にはならないだろう。

枚数制限に関しては、「地域に密着する球団」というスタンスを大切にしたいので、と弁解しているが、「地域」とはひとりひとりの人間の集合体だ。個人をないがしろにしておいて、地域密着もないものだ。

第3章 〝有頂天〟カープへようこそ

１９９７年のスコアボード

カープがチケットを一括で売るようになったのは、１９９７年のことだ。ここで、カープがチケットの一括販売に踏み切ったその年の開幕スタメンをご覧いただきたい。次ページの上がそれだ。

開幕投手は山内泰幸。日体大から逆指名1位で入団した彼は前々年のルーキーイヤーに14勝（10敗）をあげて新人王となっている。翌年も11勝（8敗）の実績を積み上げて、このシーズンの開幕投手の座を射止めた。

1番ショートの野村謙二郎は、前々年に打率・３１５、本塁打32本、盗塁30個で超一流打者の勲章であるトリプルスリーを達成。すでに球界のトッププレイヤーとなっていた。

2番ライトの緒方孝市は、いうまでもない現監督。前年まで2年連続の盗塁王で、このシーズンも49個で同タイトルを獲得。１０３得点もリーグトップだった。

3番レフトの金本知憲は前年に打率を初の3割に乗せ、本塁打も2年連続して20本以上。このシーズンは33本と大台をクリア。球界のトップ選手へとステップアップしはじめたころだった。

1997

一	二	三	四	五	六	七	八	九
野村	緒方	金本	江藤	前田	ロペス	正田	西山	山内
6	9	7	5	8	3	4	2	1

2017

一	二	三	四	五	六	七	八	九
田中	菊池	丸	新井	松山	鈴木	安部	石原	ジョンソン
6	4	8	3	7	9	5	2	1

4番サードは、江藤智。過去に本塁打王2回、打点王1回の彼は、すでにリーグを代表するスラッガーだった。

5番センター、前田智徳。前年にアキレス腱断裂の大ケガから復活して打率3割をクリアした彼は、このシーズンも3割をキープ。翌年にはキャリアハイといってもいい成績を残して、健在ぶりをアピールしていた。

6番ファーストのルイス・ロペスは前年の打点王。7番セカンドの正田耕三は、かつて2年連続して首位打者を獲得。盗塁王にもなった実績のあるベテランだ。

8番キャッチャーの西山秀二は、前年に129安打で打率3割をマーク、またベストナインとゴールデングラブ賞をダブル受賞したように、打てて守れるキャッチャーだった。

こうして見ると、この年のカープがタレント揃いだったことがおわかりいただけるだろう。20年後の2017年に2連覇を果たしたチームの開幕スタメンにくらべても、それほどの遜色はない。キャラ立ち、迫力でいえば当時の方が上まわっていそうにすら思えるではないか。

それでもペナントレースは「打高投低」の下馬評通りとなって、66勝69敗の勝率・489でリーグ3位に甘んじた。

投手陣が壊滅して防御率は4・44でリーグ最低。三村敏之監督の手腕でなんとかAクラス入りはしたものの、ペナントには手が届かなかった。

この三村監督時代が、1992年から2015年までつづく長期低迷期では唯一優勝の可能性がみえた時代といっても過言ではなかった。しかし、上位チームとは数字の差以上に実力差があったことは否めない。それをひとことでいえば「選手層の厚さの差」だった。

その足りないピースを埋める補強を願い出た三村監督に、「そんな金がどこにある思うとるんか」と、球団はにべもなく拒否したという。このころはたしかにカープは「貧乏球団」だったのだ。

そこでカープ球団は入場料収入を安定確保するために、チケットの一括販売に踏みきった。シーズン後半に失速するのが常だったカープ。それにともなって入場者が減ってしまうための対抗策だった。先に売ってしまえば、チームがいくら失速しようとチケット売上げが目減りする憂いはないからだ。

しかし、はたしてそれは事実なのだろうか。

次ページの表を見てほしい。カープの観客動員数の推移をグラフにしたものだ。

「▲」が一括販売をはじめた1997年。「△」は入場者数を実数で発表することになっ

カープ主催ゲームのシーズン観客動員数推移 1996～2018

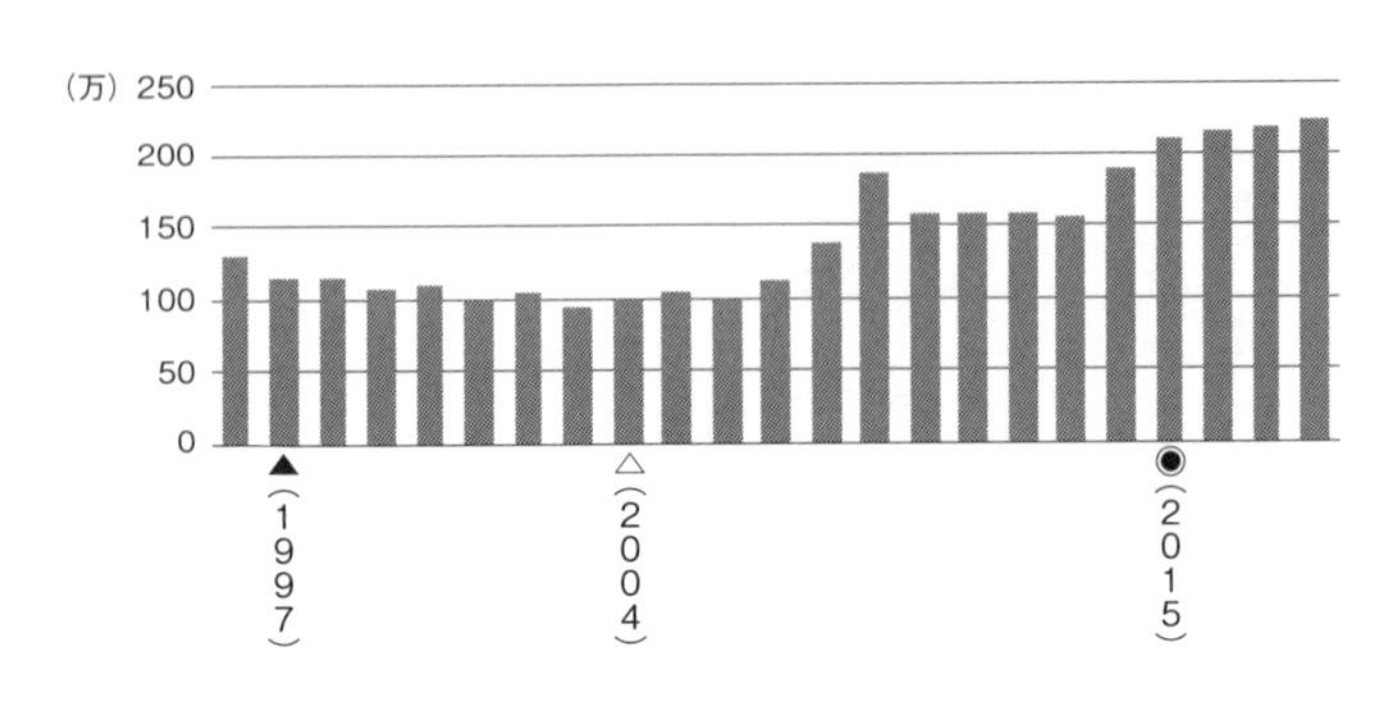

た2004年。そして「◉」が黒田博樹、新井貴浩の復帰でカープ人気に火が点いたといわれる2015年だ。

どうだろうか？

チケットを一括で売るようになった1997年は、皮肉なことに前年にくらべて入場者数は逆に減っていたのだ。それからもゆるやかなU字を描いて入場者は減少していて、一括販売の効果は一向にあらわれてはいない。いまのような人気はなかった時期のことで、先にチケットを買ったまま来場しなかったファンがそれほどいたとは思えない。それでもなおカープは一括販売に固執し、あらためようとはしなかった。

――それはなぜか？

考えられることは、ひとつ。経営の安定化というより、売り上げを前倒しでほしかった、ということだろう。

5月の連休、あるいは夏休みのジャイアンツ戦ともなれば、広島市民球場はほぼ満員になる。その売り上げ金は何億円かになったことだろう。それが開幕前に入るとすれば、これほどおいしいことはない。

しかし、それは球界では異例のことだ。ご存知のように現行、他のプロ野球の球団は、ほとんどが月ごとか、それに近いかたちでチケットを販売している。一括販売というシステムは、興行としてはほめられたことではないからだろう。その〝劇薬〟を、カープ球団は1997年に嚥(の)んでしまったのだ。

球団の「3つの都合」

先のラジオ番組で入場券部のS部長が語っていたインタビュー記事では、カープがなぜ一括販売にこだわるのか、また、なぜ購入枚数を制限しないのか、いまいちよくわからなかった。

そこで再度、S部長にご登場いただこう。

失礼かとは思ったが、4月の某日に電話でお話をうかがった。面と向かって『衣笠祥雄はなぜ監督になれないのか?』の著者と名乗って取材をお願いしては警戒されて本音もいえないだろうし、なにより上層部からダメだしされるおそれがあったからだ。ごていねいに応対いただいたS部長には、ここにお詫びしておきたい。

さて、さっそくS部長とのやりとりをまとめてみたい。

まず「一括販売」をしていることについて、彼は「3つ理由がある」とつぎの項目をあげた。

①ファンから要望があった。
②チケットを早く売ってしまいたい経営的な観点。
③月ごとの販売はそのたびに混乱を招く。

これを聴いてまず驚かされるのは、②の経営的な側面だろう。これは先のインタビュー記事にはふれられていなかった。たぶんこれまで公的に語られたことはなかったはずだ。だれもが想像はしていたカープ球団の本音。それゆえに語られてこなかったことを、S

部長はさらりと切り出してくれた。誠実な人柄であることが、そのことですぐに理解できた。彼が語ることに嘘はないだろう、と。

それはさておき、この3つの理由について吟味してみたい。

まず①の「ファンからの要望」。

これは一部では、たしかにあったのだろう。前述したように夏休みのジャイアンツ戦といえば〝鉄板〟の人気カードだ。このチケットを早めに確保して予定を立てておきたいというのはファンの人情としてはアリ、だろうからだ。

とはいえ、それは1997年になってはじめて持ち上がった話ではないはずだ。その前から聞こえていた要望というものだろう。つまりこの年から突然この「ファンの声」をきくことにしたわけで、いわば球団の都合だ。

つぎは②の経営的な観点。

もちろんこれが、最大にして唯一の理由といっていいだろう。いうまでもなく、これはモロに球団の都合だ。

そして③については、以前分割で販売していたときに混乱があったわけではなく、球団の憶測というより〝希望的観測〟で、これもまた球団の都合による理解ということになる。

つまり球団のいう「一括販売をつづける3つの理由」は、すべて球団の都合であり事情といえるものだ。ファンの立場になって熟慮し検討しての結果ではない。

カープ球団は「わしらの都合」で、とても合理的とは思えない一括販売をつづけているということだ。


あの騒動の日、抽選券は約4万枚配られたことになっている。そのうち当選者は2100人だったから、チケットを優先的に買える機会を得たのは、全体の5％ほどだ（まともに買えたのはそれ以下だったが）。当日、ズムスタに押し寄せたといわれる5万人を分母にすればさらにチャンスを与えられた数は少なかった。

「なぜ2100人だったのか？」

これも疑問だった。

それに対するS部長の答え。


「過去の対応実績からみて時間的にそれが限界だった。今回はそれでもてんやわんやだったんで、来年はもっと少なくしたい」

つまり自分たちの処理能力から逆算して、たったの2000人あまりに限定し、自分たちの都合で今後はさらに少人数に変更するというのだった。

なるべく多くのファンに機会を与えたいという発想ではなく、自分たちの御身大事思想から人数を設定したということのようだ。これがカープ球団のチケット販売の基本姿勢であり、それこそが混乱を招いている理由だろう。

ここには「市民球団」といわれていたころのファンとの共生の精神どころか、一般的な興行主としてのサービス精神すら見てとることは難しい。

だれが販売方法を決めているのか?

購入枚数は無制限なのだから、「転売ヤー」が窓口を専有してあれこれ買い漁るのは当たり前。一般のファンだってそうしたくなるのは人情だ。S部長本人もいっていたが、スマホでやりとりして、友人知人の分まで買うようなことをしていれば、すぐに30分や1時間はたってしまう。

その時間の浪費が職員へのしわ寄せとなってキャパを超えてしまったのだから、その方法論にこそ問題があるのだ。

なんでも球団の都合で決めるようなことをするから、負担はみんなファンにきている。ファンはないがしろにされているのだが、じつは販売の方法論に合理性がないから、それが球団の職員にも回ってくるという皮肉。

それにしても、なぜこんな理解に苦しむ販売方法を、カープ球団は採用しているのだろうか。

5試合に限るということは、悪意に解釈すれば、「お前たちは5試合も観れば上等」といっているのも同じだ。さらに1試合無制限ということで、必要以上の数を買わせてもいる。

「これじゃ、あまったチケットは転売せざるを得ないし、より多く試合が観戦したければ転売チケットを買わざるを得ないじゃないですか」

何十万何百万人かのカープファンにかわって、そう気持ちをぶつけてみた。

さすがに「それはいい過ぎでしょ！」と、色をなしたS部長（表情は見えなかったが）。

しかし、そういいながらも、それを否定する根拠は示さなかった。

「同じ一括販売でも、阪神は何試合でも買える。そのかわり1試合5枚までと制限してますよ。これがまっとうな売り方というもんでしょ」

阪神はカープに負けず劣らずの人気球団だが、甲子園球場のまわりにズムスタのような群衆が集まり大混乱になったという話は聞いたことがない。

「そうでしょ?」と詰め寄ると、S部長は沈黙。

そして「今後は、阪神の売り方も勉強したい」と。ここでもカープの販売方式は熟慮してのものではないことを間接的に認めた。

「甲子園球場は、ズムスタにくらべてキャパがちがう」といわれそうだが、マーケットのスケールもそれに比例して大きいのだ。

ちなみに阪神の場合、4月19日(金)のジャイアンツ戦、人気カードの地元初試合当日でも残席があった。翌日は土曜日でさすがに完売していたが、次の日の日曜日のチケットはまだ購入可能だった。もちろんシーズン全体でも、まだまだ席に余裕はあった。

行きたい日を選んで、行けるファンがいつでもチケットを買える。興行として、これが健全な姿というものだろう。これはとりもなおさず、1試合の購入枚数を制限しているからにほかならない。

ところがカープは、購入枚数を無制限にするという奇怪な売り方をしている。

「いったい、窓口で最大で買われたのは何枚だったんですか?」

するとS部長は、(たぶん苦笑しながら)こういった。

「それは教えないほうがいいでしょう」と。

それを知ったらファンの逆鱗にふれる数、あるいは球団の常識を疑われかねない数、そういうことらしい。

「今回のこと(抽選券の配布騒動)で、カープを見限ったファンもいるでしょう」

そういうと、S部長は沈黙したまま否定もしなかった。

「この悪評高いカープ式の販売方法を誰がどのように決めているのか?」

最後の最後に訊いてみた。

その答えは……、「企業秘密だからいえない」というものだった。

ところで、ここに興味深い文章がある。

カープの松田元オーナーとはマツダ㈱で隣同士の部課で働き、あることがきっかけで親しくなり、それ以来「彼の役に立ちたい」(つまりヨイショということだろうか)と、たくさんのカープ本を世に問うてきたという迫勝則氏の『カープを蘇らせた男』(宝島社)の中の一文だ。

ここに転載してみよう。

ズムスタのシートのひとつ、ソファーに寝そべって観戦できる「寝ソベリア」が松田元オーナーのアイディアから生まれたことを紹介してから、つぎのように彼は記している。

ご存知だったろうか。カープ球団の人を食ったような面白い演出は、オーナー自身が常にファンの楽しみ方を考えて、次々とアイデアを出してくるところから生まれていた。

もちろんそれらは、トップの提案なので、たいていの場合が即決になる。

少なからぬカープファンが薄々はご存知だったことだろうが、こうして親しくお付き合いされているらしい著者によってお墨付きをもらえると、コトの確証をいただいたようで、感慨深いものがある。

松田元オーナーの個人商店ともいわれるカープ球団にあっては、どれほど「人を食ったような」珍奇、迷惑なアイディアであっても、それがオーナーのものであれば、有無をいわさず即決されるらしい。もちろん、このチケット販売の方法についてだけ例外というわけではないだろう。

〝赤傘企画〟で赤面した夜

「カープ球団は少しばかり人気が出たといって浮かれ過ぎ、ハシャぎ過ぎだ」

最近になってそんな声が他球団のファンばかりか、カープファンの間からも漏れ聞こえてくるようになった。

カープ球団がこれ見よがしの企画を打ち出すたびに、そんな声は大きくなり、広がっているように思える。面白いかどうかは別にして、球団トップのアイディアらしい「人を食ったような企画」がいらぬ波風を起こし、それが他チームの反感を買い、しだいにカープに暗い影を落としはじめているようなのだ。

その象徴的な事件が〝赤傘事件〟だった。

あれは黒田博樹がカープにもどってファンを喜ばせた2015年シーズンのことだった。

右足くるぶしの炎症で戦列を離れていた黒田の復帰2試合目。〝黒田人気〟もあってズムスタ開場以来2番目の入りという3万2228人の観客を呑み込んだ5月22日の対ヤクルト・スワローズ戦。来場者に、もれなくビニール製の「赤傘」なるグッズが配られるというファンサービスがあった。

「真っ赤な傘をスタンドで乱舞させて、景気よく応援いたしましょう」という企画。これがズムスタに暗雲を招んでしまった。

傘を使った応援スタイルはスワローズの応援文化ともいえるものだ。東京音頭に合わせてブルーのビニール傘がスタンドに揺れる様は、プロ野球ファンにもおなじみの光景で、神宮球場の風物詩ともなっている。

あの、なんともユーモラスな光景は、スワローズファンの洒脱で都会的なイメージをよく体現している。ファンの気質もチームのイメージも、あの応援スタイルが醸成してきたといっても過言ではないだろう。

その応援を真似て（球団トップは「からかって」やったとコメントしている）、カープ球団はスタンドに赤い傘の花を咲かせて応援しよう、とファンを焚きつけたのだった。

応援スタイルはどのチームにも独自のものがある。カープでいえば、赤いユニフォームでスタンドを染めて、スクワットをしたりウェーブを起こしたり、あるいは赤いジェット風船をいっせいに飛ばしたりする。この昨今のスタイルが観客に一体感をもたらし、新たなファンの獲得につながったといわれている。

もちろん他球団の応援スタイルも固有のもので、ファンばかりか応援される側の選手たちにとっても〝血肉〟となっている。それは他球団が安易に模倣したり、ましてからかったりしてはならない神聖なものだ。

その聖域にカープ球団はあの日、土足で足を踏み入れてしまった。スワローズファンの勝利を祈る聖なる神事を茶化した、そうとられても仕方がない不用意な行為を自ら率先して行ってしまったのだ。

あの日の試合では、黒田投手はかなり打ち込まれ、死球もふたつ出すなど荒れ模様で、決して本調子ではなかった。それでも黒田らしくピンチのたびに併殺で切り抜けて7回を最少の1失点で切り抜けてゲームはつくった。そして最後の最後、延長10回に菊池のサヨナラホームランが飛び出して、劇的な勝利をカープはものにした。

しかし〝赤傘応援〟は、そんな素晴らしいゲームに水を差す結果になってしまった。サヨナラ勝ちの瞬間に赤傘を揺らして歓びを表現してしまったカープファンは、自分たちが守って来た歓喜の表現を放棄してしまったわけだし、結果的にスワローズファンの気持ちを逆撫ですることになった。

グラウンドで戦っているカープの選手にしても、プレイとは直接関係のないところで要らぬ波風が立つ事には複雑な心境だったろう。もしそれが相手チームの闘争心に火を点ける結果になっているとしたら、とんだヤブヘビだ。

このスワローズとの3連戦、カープはつづく2試合を信じられないような戦いぶりで落としている。8対12、8対9。どちらも大量点を奪い合う乱打戦だったが、流れは中終盤までカープにありながら、ひたひたと追い上げてきたスワローズ打線の静かな気迫が最後にカープをうっちゃったような試合。そこにはヤクルトファンの怒りに後押しされた選手たちの怒りがあったようにも見えた。

この〝赤傘応援〟は、もちろんスワローズファンからのブーイングの嵐に見舞われた。それどころか、「みっともないからやめてほしい」と、カープファンからも非難された。球団へのクレームも殺到したようだ。それにもかかわらず、球団は例年この馬鹿げたイベントを重ねてきた。

なぜ、こんな事態を放置しているのか？

ファンからの突き上げにあっていたらしいヤクルト球団からは、正式に中止の要請もあったという。それでもなおカープは意地になったかのように企画をやめなかった。しかも前述したように、その批判の声に球団トップが「からかっただけ」という不用意な発言で応酬しているのだ。

――まさかオーナーの気まぐれや怨念でつづけているわけではないだろうが……。

しかし、「それもありえるかもね」と思われてしまうところが〝個人商店〟であるカープ球団の残念なところだ。

神宮球場でみたヤクルトの〝正気〟

そのスワローズの本拠地にも、「チケットを買いに」行ってみた。

２０１９年3月13日。午後の1時ごろだったたか、外苑前駅から歩いて行くと、石垣の植栽越しに正面外観が見えて来て、その横にブルーが印象的な「ＴＩＣＫＥＴＳ」の文字が目に入った。

構内に入ると、右手の正面広場には若い女性グループがたむろし、屈強そうな男たちが言葉をかわしている。そこには〝野球〟のある球場独特の華やいだ緊張感とでもいうような雰囲気があった。

「きっと何か大会でもあるのだろう」と、気持ちは逸(はや)った。

しかし目的はチケットだ。一目散に目の前のチケット売り場へと向かう。8つある窓口の7つは「CLOSED」で、なかほどのひとつだけが開いていた。さいわい客はいなかった。

「7月中旬のチケットは買えますか?」

すると女性スタッフが、「プロ野球ですか?」と、問い返してきた。

プロ野球ですかって、たしかヤクルトはプロだったはず。

「もちろん、プロ野球のですが」

「あのー、ここは……」

そういいながら女性は、横に控える別の女性に救いをもとめるように視線を投げ、投げられた女性は苦笑い。

「あのー、ヤクルトのチケット売り場はこの奥の……」と、左手を指していう。

「でも、ここもチケット売り場じゃないの？」

「ここはスポニチ杯の……」

そのときようやく理解した。この「ＴＩＣＫＥＴＳ」は、スポニチ杯のための入場券売場になっていたのだった。

「どうされますか？」

突然あらわれた変なオヤジがようやく納得顔になったことに安堵してか、窓口の向こうの若い女性スタッフはキュートな笑みを浮かべた。

その笑顔に誘われて、つい、

「買いますよ、もちろん」

これでも元カープの佐々岡真司がＮＴＴ中国時代、社会人では別格の剛球をミットに投げ来んでいるのを広島市民球場のバックネット裏で見たほどの野球好き。しかもスポニチ杯といえば社会人野球のビッグタイトルだ。観戦して損はない。

チケット代金の１０００円を窓口越しに手渡すと、女性スタッフは「ありがとうございます！」と、こぼれるような笑みを進呈してくれた。

チケットを受け取ると、観戦は後にして左手にあるというプロ野球公式戦のチケット売り場にまわってみた。するとすぐ先に窓口はあって、パウチで急造の「プロ野球 専用窓口」のサインの下でスポニチ杯に遠慮したかのように、ひっそりと開店中。

窓口の上部には、これもプリントした手作り感満載の「現在販売中のチケット」の表示があって、「3月4月の試合日程」が記されていた。つまり現在販売しているのは、3月、4月までのチケットのみ。あらためて確認してみるまでもない。

しかし、それではわざわざ神宮球場まで足を運んだわが身に申し訳が立たない。一歩進み出て、窓口をのぞき込んだ。

「すみません、7月中旬のカープ戦のチケット、買えますか?」

すると、4月までしか頭になかったのだろう、想定外の問い合わせに戸惑った若い女性スタッフが、「カープ戦ですか……」と、あわてて日程を調べはじめた。

つまらぬ手間をかけては申し訳なく、「どっちにしても買えないんですよね」と声をかけると、こんどは「そうですね、お買いいただけるのは……」と、販売日を確認しはじめた。

「あの、あとで確認しますから、いいですよ」

そういってスケジュール表をもらって帰ろうとすると、まだ出来ていないという。

「こんどの試合（3月16日の巨人戦とのオープン戦のこと）までには出来るはずなんですが……」

こんどはこっちが戸惑う番だ。

公式戦がはじまるまで、あと20日足らずだ、そんなときになってもまだ販売ツールができていないという。そのルーズさに、あきれてしまった。

だが、そのときなぜか傘の華がスタンドで踊る東京音頭が頭に浮かんできた。あのなんともいえない、のどかで微笑ましい光景だ。

――ゆるす！

いかにもヤクルトらしいではないか。

「やーきゅーうー観ーるならー、あと20日、ヨイヨイ、まだ開幕までチョイト、20日もあーるじゃないかー」なのだ。

おお、そろそろあの試合のチケット買っとくか、と数日先のチケットを買う買える、それでいいではないか。

何か月も先の、予定も立たない試合のチケットを一括して販売するほうがどうかしているのだし、それを殺気だって買い漁るほうも踊らされ過ぎだ。

さすがに神域。ここ神宮球場で野球興行の〝正気〟を見た思いがしたのだった。

「ビジパフォ行」の新幹線

「別に、目くじらを立てるほどのことでもないさ」

先の〝赤傘応援〟を、そう擁護したい向きもあるだろう。

「あれはスワローズの応援スタイルに敬意を表して、ってことさ」と。

しかし残念ながら球団トップが、「からかっただけ」と、自らそれを否定していることは先に述べた。そもそもカープの球団フロントが相手チームへの敬意をお持ちかどうかを疑問視せざるを得ないのは、あの試合のたった6日前に、ビジターパフォーマンスシートをカープファンで占拠させてしまうという信じ難い〝事件〟もあったからだ。

2015年5月16日の対横浜DeNAベイスターズ戦のこと。「常車魂～RED LIDING～」という意味不明のタイトル企画で、カープ球団は首都圏や関西などから特別仕立ての新幹線で1500人のカープファンをズムスタに運び込み、ビジターパフォーマンスシートを真っ赤に染めるという残念な企画を敢行していたのだ。

ビジターパフォーマンス席について、カープのホームページではつぎのように説明している。

気兼ねなくビジターチームの応援ができる席。対抗するカープパフォーマンスとの応援合戦が楽しみ！

「気兼ねなく」どころか、ここでビジターのファンが応援する権利すら興行主が奪ってしまったのだ。

意外にもこの企画に、ベイスターズファンはおおむね寛容に対応してくれたようだ。とはいえ、ビジターパフォーマンス席の隅に追いやられた３００人のベイスターズファンの中に「俺たちの席を返せ！」のサインボードが掲げられたのは、かれらの偽らざる心情の表明だったにちがいない。

もちろんネット上にも批判の声があふれ、皮肉にもそのほとんどがカープファンからのものだった。

・カープファンが多い事には賛成だが、ビジター席に入るのはやはりマズイと言うかやり過ぎと思う。ハマスタで逆の事をされたらと思うとベイスターズファンに申し訳ない

・相手球団のファンを蔑ろにする広島の優勝だけは絶対に許されない

・ああいう企画をやるなら巨人戦でやる漢気が欲しかった

等々、拾い上げればきりがないほどだった。

それらの中には当日ビジターパフォーマンスシートに招待された当のカープファンの投稿もあって、「ベイスターズファンに申し訳なくて謝った」と告白していた。シートが埋まらないんだからしょうがないだろと、経営的な観点から球団を擁護する声もあった。しかし、それが本当に根拠を持つ意見なのかどうかは、ちょっと頭を働かせてみればすぐにわかることだ。

ビジターパフォーマンス席の料金は1900円。それを1500人で埋めてもわずか285万円だ。

その金額を徴収するために、わざわざ臨時便の新幹線を仕立て、片道とはいえ運賃球団

持ちで一群のファンを運び込み、球場にエスコートしてOBにも挨拶させるという過剰サービス。とても収支的にペイできたとは思えない。

通常であれば首都圏からは片道約2万円の運賃。それが1500人として約3000万円の持ち出しとなる。もちろん企画ツアーだから大幅な割り引きはあっただろう。しかし1000万円、2000万円でバスをチャーターするのとはワケが違う。

参加費は1人5000円だったというから、総収入は750万円。料金にはグッズなどの景品も含まれていたから、準備にさかれたであろう何か月間かのスタッフの人件費なども考慮すれば、シートの売り上げ285万円の利益どころか大赤字のはずだ。

「埋めて儲ける」ではなく、「埋めるために出費する」では本末転倒。儲けを度外視してでもスタンドを埋めたい、真っ赤に染めたいという思惑には、球団サイドの狂気にも似たエゴが見え隠れしていたような気がしてならない。

あるファンが投稿していた。

そんな暇と金があるのなら、広島近在のベイスターズファンを取り込む努力につぎ込んだらどうなのかこれがまっとうな考えであり、発想だろう。あの日、ベイスターズファンにサービス満点の呼びかけをしてビジターパフォーマンス席を埋めていたら、ファンからは批判ではなく賞讃の拍手が湧いていたはずだ。

ところが、このビジパフォの侵略はさらにエスカレートして、2017年のシーズンからは、人気のジャイアンツとタイガースの試合以外は、ここを二分してカープのファンにも解放することになった。スワローズ、ドラゴンズ、ベイスターズ3チームの試合では、ビジターパフォーマンスシートを半分だけにしたのだ。

ビジターパフォーマンス席の分割をシーズンとおしておおっぴらに、基本的にすべての試合で実施する。その決定を知ったときは驚きを通り越して、唖然とするしかなかった。ただでさえカープファン一色で、他チームのファンには「来るなといっているようだ」と評判の悪いズムスタ。その唯一の聖域であったビジパフォすらカープ球団は奪ってしまった。

これでは他チームのファンの動員が伸びようはずもない。カープは自ら他球団のファンに対して門戸を閉じるような仕打ちをしてしまったのだ。

ビジターパフォーマンス席とは、ビジターチームのファンのために設定した席だが、これをカープファンが購入、そのまま下のコンコースなどに大挙して流れ込んでしまうためトラブルが発生していた。その対抗措置だと球団は説明した。

ならばそのための策を講じるべきで、サクはサクでも同じ柵の中にトラとライオンとを放すようなまねをしたのだ。混乱とトラブルの解決を棚上げしただけの安易な発想といえるだろう。

〝カップの中〟の諍い

だれもが予想したであろうトラブルは、その2017年シーズンの開幕早々に発生した。対ヤクルトスワローズ戦の広島での緒戦となった4月18日から20日までの3連戦。その2日目のことだった。

試合は緊迫した展開で進み、3対4でカープが1点のビハインドで迎えた9回裏。カープは2アウトから田中が安打。すかさず二塁に盗塁を決めたところで菊池にタイムリーヒットが出て同点に追いついた。

そのときビジパフォのスワローズ私設応援団が陣取るところに黒いジャンパー姿の若い女性が歩み寄って「ざまあ」とばかり（たぶん）に、プラスチックカップの中の液体をぶちまけた。

一瞬のことで、まわりでは何が起こったのか理解できなかったようだが、応援団のひとりと女性の間で激しい口論となった様子は目撃された。

幸い暴力沙汰にならなかったのは、ヤクルトの応援団員がオトナの対応をしたからというべきだろう。それからカープ側にもどった女性は、カープファンとハイタッチして歓喜してみせて、さらに挑発したという。

女性はかけつけた警備員に事情を訊かれたのち、連れ出された。


こんなトラブルがいつか起きるのはわかりきったこと、時間の問題だった。

野球観戦に多少のトラブルはつきものだ。ただ、それをそそのかすような状況を球団があえてつくることが問題なのであり、そのことにファンは首を傾げているのだ。

新球場のコンセプトとしてビジターファンに解放した〝聖地〟は、あくまでも彼らのものとして提供するのがスジというものだろう。球団の勝手な思惑で切ったり貼ったりしていいものではない。その席を埋めたければ、ビジターのファンにアピールすることが本筋のはずだ。

ところがカープ球団は「排除の論理」を振りかざしてしまった。そして実際にトラブルが発生しているにもかかわらず、まるで木で鼻をくくったような態度で、「この施策が原因かどうかわからない」と再検討する気配すらない。

ビジパフォ分割の対象は3チームに限っているが、ここ数年はスタンド寂しいドラゴンズのナゴヤドームは別にして、ベイスターズの横浜スタジアムもスワローズの神宮球場も、カープファンが大挙して押し寄せてホームチームのファンが入れない事態となっている。ことは逆の現象だが、カープファンが横浜や神宮のスタンドから無慈悲に締め出されることにでもなったら、彼の地のカープファンは果たしてどんな心境になるのだろうか。

チケットが手に入らず、カープの試合をまともに観戦できない不幸を身にしみて実感しているファンにとっても、この問題は他人事ではないだろう。

今回のことが悪しき前例となって、球団が恣意的に特定エリアから特定のファンをしめ出すことが慣例になってしまったらと考えると、背筋も凍る思いだ。

野球というゲームは、相手チームがあって成り立っている。そこにはボークや守備妨害といった、攻守の立場を尊重する最低限のルールがあり、そこからお互いをリスペクトする精神も育まれてきたはずだ。

かつてカープが広島市民球場をホームグラウンドにしていたとき、記録を達成した選手に、また引退する選手にたいしてカープファンは心からの暖かい声援、惜しみない拍手を贈っていたものだった。

スワローズで思い出すのは、２００７年の古田敦也捕手の引退のときだ。シーズン最終戦となった広島市民球場でカープファンが彼に贈った大きな声援、労いの拍手には、本人はもとよりスワローズファンも大いに感動し感謝したはずだ。

ホスピタリティあふれる雰囲気が、かつてのホームグラウンドであった広島市民球場には存在していた。ところが企業に名前を売った新球場に移ったと同時に、そんな美風はなりをひそめてしまったかのようだ。

スワローズファンの声が届かないのと同じように、チケット問題ではカープファンの声は球団に届いていない。いや、届いてはいるが聞く耳をもたないといったほうが当たっているだろう。

かつて球界再編問題で球界が揺れたとき、選手会の会長として経営者側と渡り合った古田敦也を、どこかの球団のオーナーが「たかが選手」と吐き捨てて世間の非難を浴びることになったが、この球団も同様に「たかがファン」と、そう思っているのだろうか。

ベイスターズのケース

横浜ＤｅＮＡベイスターズの横浜スタジアムを訪れたのは、２０１９年3月8日（木）のことだった。

隣接する横浜公園の東南口からまわりこむと、改修工事中で右翼側に巨大なスタンドがウィングを広げるように聳（そび）えていた。

横浜スタジアムは２０２０年までに６０００席の増設を決定。２０１９シーズンの開幕までに右翼側スタンド観覧席約３５００席のほか、バックネット裏の個室観覧席、屋上テラスの約５００席、合わせて約４０００席の増席を行うことにしていた。

オリンピックの会場に予定されている同球場。もちろんその開催にあわせての増設だろうが、『コミュニティボールパーク』化構想というビジョンの一環として、ここ数年のべイスターズ人気の上昇でチケットの入手が難しくなっている状況を思えばタイムリーな対応といえる。

同じような状況、というより、さらに深刻な事態にあるカープはといえば、バスタブに入って観戦できる「バスタベリア」（2人1組）を6席新設したといってはしゃいでいるありさまで、「この非常時に風呂なんか作っててどうすんだよ」と、一部のファンにあきれられただけ。まったく増設の話は聞こえてこない。

「また入らんようになって、空席が目立つようになったらみっともないじゃろ」

松田元オーナーは、こういって頑なに増設を拒んでいるらしい。

しかしこれもおかしな話だ。ズムスタの所有者は広島市で、いわば広島市民、ファンの持ち物だ。カープ球団は単なる指定管理者に過ぎない。それをまるで「わしの球場じゃ」といわんばかりの独断ぶりなのだ。

スタンドの増設は広島市が指導して市民を巻き込み議論するべきときに来ているように思うが、そんな機運すらない。広島市の視線はオーナーにのみ向けられ、ファンや市民の声に耳を傾けるより先に、ズムスタ方面に忖度しているからだろう。

カープ同様、近年チケットの入手が難しくなっているベイスターズだが、スタジアムに隣接しているこの公園に「チケットを求めて何万人が殺到して暴徒化した」、そんな話は聞いたことがない。ベイスターズの場合も、チケットの販売は分割方式になっている。したがってリスクは分散されるわけだ。先のチケットは先になれば買えるのだから、血相を変えて売り場に殺到することもない。

ホームページの「チケットニュース」欄をざっとながめると、「〇〇日〇〇戦のチケットは完売」と、その当日にアナウンスされている。シーズン全試合が開幕前に完売しているというどこかの球団とちがって「試合の当日にチケットは完売」していることになっているのだ。

これはどういうことかといえば、大方のチケットは事前に売れていて、その日の直前、あるいは当日になって観戦できることになったファンが、残ったわずかなチケットを買い求めて完売、という流れなのだろう。

なんというスマートな売り方、買い方だろうか。「隣の芝生は青く見える」というが、横浜スタジアムの人工芝がズムスタの天然芝よりきれいに見えるようだ。ファンにも球団にもうれしい、ウィンウィンの関係がそこには見てとれる。

もちろん品薄で転売はあるものの、球団はその対策にも積極的に取り組もうとしている。サイトをスクロールしてみると、2月4日に目を見張るニュースが掲載されていた。「チケットの不正転売および、転売目的購入の禁止について」というものだ。

ここに転載させていただこう。

横浜DeNAベイスターズではこれまで多くの皆さまに、適正な価格でチケットをお届けし、試合を楽しんでいただくために、試合観戦チケットおよび各種引換券の転売および転売を目的とした購入を禁止してまいりました。

2018年12月14日に公布されました「転売防止法（特定興行入場券の不正転売の禁止等による興行入場券の適正な流通の確保に関する法律）」の施行（2019年6月14日）を控え、横浜DeNAベイスターズでは下記のように転売対策を強化いたします。

皆さまのご理解ご協力のほど、よろしくお願いいたします。

このように、転売に対しては厳しく対処していくことをはっきりと表明し、ファンや

「転売ヤー」に伝えている。

「適正な価格でチケットをお届けし、試合を楽しんでいただくために」

その心意気やよし、ではないか。

そして具体的な転売対策について、つぎのようにあげている。

公式ファンクラブ「B☆SPIRIT友の会」会員規約の厳正運用
入会時および入会後の本人確認の強化をいたします。
試合観戦入場時の身分確認の強化
横浜スタジアムへの入場時に本人確認をさせていただく場合がございますので、身分を証明できるものをお持ちください。
公式の二次流通マーケット設置の検討
チケットの適正な流通が確保されるように、公式にチケットが譲渡可能となる機会の提供を行うための検討をいたします。

さらに、このニュースの最後には球団社長のコメントまで紹介している。

株式会社横浜ＤｅＮＡベイスターズ代表取締役社長・岡村 信悟コメント

「昨シーズン、球団として初めて２００万人を超えるお客様に球場へ足を運んでいただき、チームに熱い声援を届けてくれました。

その一方、観戦チケットを手に入れることができないお客様がいたことも事実であり、その点は心苦しく感じておりました。

また、来年には東京オリンピック・パラリンピックも控える中、スポーツ観戦チケットの転売や転売目的の購入が問題になっております。

私たちとしても、ベイスターズの試合を観戦したいと願うお客様の手元に適正な価格でチケットが届くよう、転売対策に積極的に取り組んでまいります。

お客様のご理解、ご協力のほど、宜しくお願い申し上げます。」


チケットが入手しにくい事態を心苦しく思い、そのことを詫びる。そして対策への意気込みを語り、ファンの協力を呼びかける。興行主として望まれる姿がここにある。残念ながらいまのカープ球団には、絶えて見られないものだ。

実際にハマスタの開幕戦では、「転売対策中」と背中に大書したジャンパーを着たスタッフがスタンドをまわり、チケットの提示を求め身分証を確認して歩いている光景が、あちこちで確認されファンを驚かせていた。もちろん、これで転売が撲滅できれば、好感をもって迎えられることだろう。

ズムスタとハマスタ・似て非なるもの

ハマスタの増設工事をうらやましく見上げながら公園の奥に入っていくと、そこには昼下がりののどかな公園の風景があり、親子連れが水と戯れたり遊具で遊んだり、なごやかに憩っていた。音響のテストでもしているのか、遠く球場からは軽快なポップスがもれ聞こえてくる。

公園の中ほどまで行くと、その奥に樹影で隠れるように、球場から離れてひっそりと仮設のチケット販売所が設けられている。そこには4、5人の男性が並んで、日向ぼっこでもするかのように順番待ちをしていた。

さっそく向かってみると、平日の日中とあって対応している窓口はひとつだけ。手前には案内板があって、開幕3連戦と4月のホームゲーム9試合の残席状況が表示されていた。開幕までは20日あまりで、すでにほとんどのシートは「売り切れ」か「残席わずか」となってはいたが、まだ一覧に「△」が並んでいて席がなくはない。ズムスタでのチケット騒動、混乱ぶりを目にしていた身には、この整然とした販売状況に感嘆をおぼえずにはいられなかった。それはカープとベイスターズとの人気の差というよりは、チケットの販売方法の差にあることはあきらかだった。

たまたまカウンター越しの会話が漏れ聞こえてきて、男性が希望した席はないと断られていた。それでも贅沢さえいわなければチケットは手に入る状況で、何度かのやりとりののち、チケットを大事そうに財布にしまいながら男性は公園の外へと消えていった。

残席の表示板を眺めているうちに、いつの間にかチケット売場にひとはいなくなった。いいタイミングとばかりに、ここでも窓口でチケット購入を装った取材をこころみた。

もしかして7月の中旬に、また上京できるかもしれなかったので、ついでにチケットが購入できれば購入してみようとの魂胆。といっても、カープとタイガース以外の10球団は分割販売らしく、まず買えないのはわかっていた。それを実際に確認することと、リアルな残席状況や販売の現場、そして球団の対応を皮膚感覚で知りたかったのだ。

逆にいえば開幕戦どころか、この時点でシーズンのすべての試合のチケットがほぼ買えない事態となっているカープの異様さ、それを客観的に実感してみたかったともいえる。

「すみません、7月中旬のカープ戦があったら、ほしいんですが」

そう訊いてみた。

すると窓口の女性は、怪訝な顔をした。それはそうだろう、7月中旬のチケットが買えないことくらいベイスターズのファンなら先刻ご承知のハズなのだ。それでもていねいに、スタッフはパソコンで検索して応えてくれた。

「7月15、16、17日とカープ戦はございますが、こちらでお求めになれるのは5月13日からとなっております」

それさえ確認できれば結構。「ありがとう」と礼をいって売場を離れた。

7月のカープ戦のチケットはまだ買うことはできないが、もしその2か月前に上京のメドがたって観戦したくなった場合、チケットは手に入るということだ。いや運よく、そして席さえ選ばなければ、数日前に来ても買えるかもしれない。

ベイスターズ球団が、その当たり前の対応を当たり前のこととしてやっているのを知ることができただけでも収穫だった。

真っ赤なスタンドの別の景色

２０１９年シーズンが開幕すると、カープのチケットは予想どおり〝転売天国〟状態となった。

開幕戦はジャイアンツとの3連戦。ＦＡで丸佳浩が移籍したチームが相手という話題性も手伝い、シーズンでもとりわけ人気の高い試合だったはずだ。その開幕の2試合目となった3月30日は土曜日とあって、ズムスタは３１８１２人の観衆で埋まった。

このジャイアンツ戦のチケットはどのように転売されていたのか?

チケットは主としてネットオークションやメルカリ、最近ではツイッターなどを介して売買されているらしく、インターネットが転売の〝主戦場〟になっている。しかし、その全貌は知るよしもない。

とりあえず「カープ」、「チケット」で検索してみると、それらしいサイトが列挙されてあらわれた。

そのうちのひとつ「日本最大のチケットフリマ」をうたっている「チケットストリート」が、うたい文句どおりにもっとも多くの枚数を扱っているようだった。

そのサイトをスクロールしてみた。

トップページの「注目！人気ランキング」では、はたしてこれが光栄なことなのか、王冠に「1」のマークが「広島カープ」に当てられていて、つまりはジャイアンツやベイスターズはもちろん、ジャニーズや人気のジャリタレ等々を押しのけて、カープが堂々の「転売ランキング1位」なのだった。

そこをクリックしてあらわれた「カレンダーから選ぶ」の画面から、3月30日をクリックしてみた……。

するとでてくるわ出てくるわ、1700円の内野自由席が5000円、3600円の内野指定席Aが1万6500円と、〝逆マネーロンダリング〟というのか、高額になったチケットが無数に掲載されていて、もうきりがない。

その総数は「778件」とあった。もちろんこれはシーズンを通しての件数ではない。開幕2日目の対ジャイアンツ戦にかぎっての数字なのだ。たったの1試合のチケットが、このサイトだけでこれだけ扱われていたのだ。

かなりの件数があるとは想像していたが、実際にこの数字を目にしてみると、そのすさまじさに、あらためて驚くしかなかった。

いうまでもなく、その件数＝枚数というわけでもない。２枚のペアもあれば、３枚連番、４枚連番もあるから、転売チケットの数はさらにふえることになる。

実際にどれだけのチケットがこのサイトだけで転売されているのか、調べてみることにした。「枚数」に表示された数をすべて合計してみたのだ。電卓の「＋」を叩くこと７７７回。腱鞘炎にでもなりそうな思いをしながらその合計を算出してみると……。

そのサイトのその試合の分だけでも、なんと１８０７枚が転売されていた。

さらに別のサイトも調べてみた。チケットストリートについで、かなりの数を扱っている「チケット流通センター」というサイトだ。ここではぐっと件数は減っていたが、それでも５３９枚が転売されていた。これでもかなりの数といえるだろう。

このふたつを合計すると、なんと２３４６枚。かつての不人気だったころのパ・リーグの試合なら、その日の入場者がすべて転売客で埋まって、さらにお釣りがくる計算になる。

もちろん転売はこれらに限られたわけではなく、直接手渡しのようなかたちで行われてもいるだろうし、ツイッターのアカウントだけでも、かなりの枚数が売買されている。さらに金券ショップでも堂々と転売されているし、先の数字にそれらを足せば、どう少なく見積ってもこの試合の転売枚数だけでも、3千枚を下ることはなさそうだ。

このソロバンがはずれていなければ、この30日のジャイアンツ戦でズムスタを埋めた31812人という大観衆のうちの1割前後が転売されたチケットを買って入場していたことになる。つまりは真っ赤に染まったズムスタのスタンドの、かなりの部分が〝汚れた赤色〟で塗られていたという計算だ。それを思うと、ズムスタのいつもの景色もちがったものに見えてこようというものだ。

この転売件数には、積極的に転売しようと買い占められた、いわゆる「転売ヤー」のルートばかりでなく、消極的に転売せざるをえなくなったケースも少なからず含まれているはずだ。その件数をふくめての、この数だ。

観戦に行けるかどうかもわからない日のチケットを、友人知人に頼まれた分も含めて、まるで煽られたかのように購入させられる今のカープの一括販売方式では、「転売するな」というほうが無理な話なのだ。

「転売、上等！」

そんな売り方をしておいて、その後は野放し。ベイスターズのように積極的に対策を講じようという姿勢も感じられない。それが今のカープ球団の残念な実態だ。

そして、とうとうここまで来たか……と、ファンのみならず一般市民まであきれさせる事件が2019シーズンが開幕した早々に発覚した。

3月29日の開幕試合は大瀬良の快投、安部の先制ホームランなどでジャイアンツ相手に5対0で快勝。翌日の第2試合は2対5で落として1勝1敗で迎えた第3戦の日。日曜日のデイゲームは試合開始が午後1時30分。しかし開門の11時を前に、すでに多くのファンが入場口前のスロープにたむろしていた。

群衆のなかでチケットと現金とがやりとりされる光景は、もはやズムスタの風物詩。友人知人関係はまだしも、ネットでの転売チケットを手渡す者も少なくないはずだ。

この日も、ある女性がネットで交渉成立した転売チケットを受け取り、入場しようとした。ところが、ゲートで係員がそれが偽造であることを見破って警察に通報。偽造した福山市の公務員が現行犯逮捕されるという笑えない事件が起こってしまったのだ。

カープ戦のチケット偽造事件は前年にも起きていた。期限が切れたチケットの日時、対戦チーム名を書き換えた内野自由席券で入場しようとした岡山県の会社員が、詐欺未遂で現行犯逮捕されるという事件だった。

5月3日の巨人戦だった。「どうしても行きたかった」という動機には同情を禁じえないが、そこまでして観たいのかという思いは残る。

とはいえ、彼の場合は稚拙なフォームだったとはいえ、思いっきりストレートを投げたといえなくもない。それが〝暴投〟になってしまったものの、動機も手段も行為も責任も、すべて自己完結していた。

それにくらべると今回の偽造事件には、どこか暗い影がつきまとう。チケットは定価の1700円で販売したというから、あえてチケットを買い難くしているように見えるカープ球団への内向きな抗議だった可能性もなくはないが、ともあれ他人を巻き込んでの手の込んだ犯罪だ。これから模倣犯がでないとも限らないし、手法がさらに巧妙化しそうな気配すら感じられる。

もはやカープ戦のチケットは転売ビジネスの温床という域を越えて〝犯罪の巣窟〟になろうとしているかのようだ。

第4章　表の光と裏の影

弱いものいじめの論理

カープ人気に火が点いて、チケットのプラチナ化が進んだのは、もちろん黒田博樹が復帰してからのこと。いわゆる〝黒田景気〟によるところが大きかったのはいうまでもない。

いまも記憶にあたらしいカープへの電撃復帰の衝撃と感動。その入団会見が開かれたのは2015年2月15日だったが、それから10日あまりのちの2月26日に、あるカープの不祥事が報道されていたことを覚えているファンはほとんどいないだろう。

その不祥事とは、「カープ球団が消費税率の引き上げのさいに、球団グッズの仕入れ業者にたいして、増税分3％を上乗せしないように要請していたとして、公正取引委員会から勧告を受けた」というものだ。

公正取引委員会中国支所によると、カープは2013年10月から翌2014年1月まで、グッズを納める全国の100業者に仕入れ価格の消費税を上げないように要請。これに応じた34業者に増税分を支払わなかった。

公正取引委員会のホームページには、「(平成27年2月26日) 株式会社広島東洋カープに対する勧告について」とのタイトルで概要が掲載されている。以下がその内容だ。

公正取引委員会は、株式会社広島東洋カープ（以下「広島東洋カープ」という。）に対し調査を行ってきたところ、消費税の円滑かつ適正な転嫁の確保のための消費税の転嫁を阻害する行為の是正等に関する特別措置法（以下「消費税転嫁対策特別措置法」という。）第3条第1号後段（買いたたき）の規定に違反する行為が認められたので、本日、消費税転嫁対策特別措置法第6条第1項の規定に基づき、同社に対し勧告を行った。

そして「1 違反行為者の概要」には、つぎのように記されている。

名　　称　株式会社広島東洋カープ
所 在 地　広島市南区蟹屋二丁目3番1号
代 表 者　代表取締役　松田　元
事業の概要　プロ野球の興行、関連商品の販売等
資 本 金　3億2400万円

カープは前年12月の公取委の調査で「買いたたき」を認識。その際、球団は「違法性があるという認識はなかった」と回答、同日までに増税分にあたる509万円を業者に支払っていたとされる。

NHKのネットニュースでは、つぎのように報じていた。

公正取引委員会中国支所は、「弱い立場の納入業者に対し、転嫁拒否をしたことは重大な不利益につながり、大きな問題だと考えている」としています。

去年4月の消費税率の引き上げ以降、▼JR東京駅や品川駅で商業施設を運営するJR東日本の子会社や、▼「メガネの三城」などの名称で眼鏡店を展開する会社、それに▼フィットネスクラブ大手の「ルネサンス」などが勧告を受けています。

公正取引委員会からの勧告を受けたことについて、プロ野球・広島の球団社長を兼ねる松田元オーナーは「関係する仕入れ先の方々にご迷惑をおかけするとともに、ファンの皆様にご心配をおかけし、深くお詫びいたします。勧告を重く受け止め、法令の理解をより一層深めるとともに、社内体制を整備するなど再発防止に向けてスピード感を持って対応します」とコメントしています。

ここで公正取引委員会が指摘している「弱い立場に対して不利益を強要する」という球団の体質は、抽選券をめぐる混乱の原因とも通じていそうだ。

「抽選券がほしければ平日の午前11時までにズムスタに来い」

受け身で弱い立場のファンに対して不利益を強要するかのような配布方法。これはまさに球団の体質があらわれた典型例といえるのではないだろうか。

黒田博樹復帰の歓喜の裏で

黒田博樹のカープへの復帰は、球界のみならず社会的にも大きな話題となった。そして、それがカープ人気に火をつける結果となった。これ以降チケットが急激に入手困難になっていくわけだが、この黒田の復帰劇と公取の勧告とが、不思議な符合をみせていたのを、どれほどのファンが認識していただろうか。

ここでまた、２０１４年オフから翌年の復帰会見までの経緯を〝リプレイ検証〟してみたい。主な出来事を時系列にまとめてみたのでご覧いただきたい。

２０１４年

10月30日　黒田博樹がヤンキースからＦＡ公示される。
11月初旬　黒田が日本に帰国。鈴木球団本部長と1回目の会食。
11月中旬　黒田がアメリカにもどる。
11月下旬　パドレス、ドジャースなど複数の球団から黒田にオファー。鈴木本部長が正式にオファー。その後、環境面でのサポート内容などをメールでやりとり。
12月上旬　2度目の帰国。鈴木本部長と2度目の会食。黒田投手「(他球団からも) オファーがあるので、まだ決められない」と。この会食で復帰はないだろうと、本部長は判断したという。
12月14日　鈴木本部長と3度目の会食。再検討した条件やカープの考えを提示、結論は出ず。

12月24日　黒田が契約書をアメリカに持ち帰る。
12月26日　午前10時、黒田が鈴木本部長に復帰の意向を連絡。
2015年　2月15日　黒田がカープ入団の記者会見。

ここで会食の回数に注目していただきたい。

黒田がヤンキースからフリーエージェントとなった直後に、球団は会食の場をもうけていた。それからもたてつづけに2回、計3回の会食をかさねて、カープへの復帰を要請していた。これは異例のことだった。

その前年にもその前にも、黒田は窓口となっていた鈴木清明球団本部長と会食しているが、まるで毎年の恒例行事のように一度の会食が慣例だった。それがあの年にかぎって、本部長は三度も会食して、黒田をくどいていた。

ちなみに翌年、黒田の現役続行か引退かの交渉のときも、球団は一度しか交渉のテーブルにはついていない。前年には三度も会食していた同じ人物が「時間がとれない」といって、なかなか会おうとしなかったのだ。それればかりか、12月7日にようやく会ったかと思えば、翌日には結論を出すように迫ったという。

「球団担当者」のコメントを記事にした報道では「8日にも現役続行か引退かの結論を出すとみられる」と発表されていた。

つまりたったの1日の猶予、というより、午前中がリミットだったというから、ほとんど即答を迫られたようなかたちだった。

復帰をオファーしたときの熱心さとはまったくちがった球団の温度差。まるで「釣った魚にエサは要らない」といっているようにも見える冷淡さだった。

残留契約では年俸6億円、球界最高の額を提示したことで〝誠意〟は示したつもりだったらしいが、メジャー時代にくらべれば3分の1。前年からの上積みの2億円は、前田健太のメジャー移籍金をあてるのだろう、とメディアからも勘ぐられるほどで、とてもその証とはいえないものだった。

この最初で最後となった交渉の席で「来季の結果がどうあれ、私は何もいわない」と、球団の担当者、つまり球団本部長は説得したと記事には書かれていた。

べつに球団本部長のために黒田は野球をしていたわけでもないだろう。あくまでもファンのために、そして自分のモチベーションに殉じるためにマウンドに立っていたはずで、「私は何もいわない」ではなく、「ファンは何もいわない」というのがファン目線というものだろう。

選手は自分たちのために野球をやっているんだといわんばかりのコメントに、カープを私物化している球団の体質がはからずも露呈してしまったようだ。

それにしても、球団はなぜ回答のリミットを12月8日に設定したのだろうか。

実はこの日の夕方、地元テレビ2局がJリーグで3度目の優勝を果たしたサンフレッチェにからめて、「サッカースタジアムの建設はどうなるか?」というテーマで特集番組を放送する予定だった。

それが「黒田現役続行」のニュースで番組は蹴り出され、放映はお流れになってしまった。また、翌日の地元中国新聞紙上でも「広島サッカー場どうなる」の記事が、「おとこ気続投『やった』」の記事の隣に配されることで、話題性は希釈される結果となってしまった。

うがった見方をすれば、サンフレにファンを奪われる危機感から、広島市民球場跡地にサッカースタジアムをつくらせないように画策しているカープの関係者が、このスタジアム問題をスピンアウトするために、黒田の件を利用したとも見えるのだ。

２００7年に黒田がカープを出てメジャーに移籍してから、フリーエージェントになる度にカープ球団は彼にオファーを出していた。２０１０年に黒田がロサンゼルス・ドジャースからフリーエージェントとなったとき、「獲得に乗りだす」と発表して以来、毎年カープはオファーを出しつづけ、報道によれば年俸3億円を提示し、(黒田本人によれば）毎年1回の会食の席がもうけられていた。

ところがカープが２０１４年のオフに見せた〝誠意〟は、それまでとはまったくちがっていた。年俸は3億円から4億円へと1億円増額され、それまでは1回きりだった「会食の場」が3回ももうけられた。カープは、あの年にかぎってなぜか本気だったのだ。

さらに、受け入れ体勢も整えられた。なんといっても、２００7年のオフに、優勝という宿題を残しながら共にチームを去った盟友ともいえる新井貴浩が、露払いのごとくチームに迎えられていた。

黒田の側からすれば、カープに復帰するのであれば、あの年が最後のタイミングだっただろうから、詮索の余地はないだろう。フィジカル面からもモチベーションからも、あの年しかありえなかった。そのことを自覚しての本人なりのぎりぎりの決断でもあったから、ファンの胸を打ち、感動を与えたのだ。

いっぽうのカープはなぜ、あの年に限って熱心に黒田にアプローチしたのか。そこには
どんな思惑があったのか……。
「公正取引委員会の勧告隠し」
ありえない話ではない。
黒田と新井の復帰によって2015年はズムスタの入場者数が激増し、彼らのグッズも
バカ売れして「球団経営に寄与してくれた」わけで、それを期待してのオファーだったと
考えられないことはない。
しかし、それならば別にあの年である必要はなかった。毎年、熱心に誘えばよかったの
だ。
ところが例年はといえば、黒田とシーズンオフに一度だけ会食して、バリバリのメ
ジャーリーガーには失礼ともいえる年俸3億円を提示して終わり。そんな交渉ぶりだった。
——あの年に限って、何かがあった？
シャーロック・ホームズでなくても、そう推理したくなろうというものだ。

丸佳浩のＦＡ移籍

ちなみに、２０１８年のシーズンオフに読売ジャイアンツにＦＡ移籍した丸佳浩の場合も見てみよう。

その経緯をまとめてみた。

２０１８年

8月17日　国内ＦＡ権取得。松田オーナーが即反応して「引き止める」と公言。年俸の大幅アップと複数年契約、さらにＦＡ宣言しての残留を認める。

11月4日　松田オーナーが球団事務所で取材に応じる。「誠意を込めて、ベストなものを提示している」とした上で、「主力選手だし、人格もしっかりしている。いなくなったら困る」と残留を熱望。

11月7日　丸が広島市のズムスタで会見を開き、国内ＦＡ権を行使すると発表。鈴木球団本部長は「すでに条件は提示してある。あとは丸の判断を待つだけ」、そして「条件の変更はしない」と明言。

11月22日　ロッテと初交渉。
11月24日　巨人と初交渉。
11月30日　巨人への移籍を丸が表明。
12月11日　入団記者会見。「広島戦　複雑だが前向きに」とコメント。

カープの条件提示は、4年契約の17億円（推定）。一方のジャイアンツはといえば、5年契約の30億円超。単年に換算すれば、カープは4億円強。ジャイアンツは6億円。しかもカープが「推定」どまりなのに対して、ジャイアンツは「超」だ。何ならまだ出してもいいよ、という条件だった（実際には推定年俸4億5千万円に落ち着いたようだから、カープの提示額に少し上乗せした程度だ。金銭で移籍したのではないというメッセージをファンはこの数字から読み取らなければならないだろう）。

これでは勝負にならない。「カープ愛」も、この歴然たる差の前には形無しだ。

数字がすべてのプロ野球選手の評価は年俸の額で決まる。丸の場合は2年連続MVPを獲得している。いわば現役では最高の選手のひとりということだ。それなのに……だ。丸は年俸の額というよりも、球団の評価の低さに不満を抱いていたのではないだろうか。

ここで、２０１８年の高額年俸選手をみてみよう。

次ページの一覧がそれだ。

トップはソフトバンクホークス柳田悠岐の5億5千万円。丸はといえば、2億1千万円で40位にようやくランキングされているという、痛い痛い待遇だった。球界トップクラスの選手が、カープではこの程度の評価だったのだ。丸がそれまでの自分に対する球団の評価の低さに、不満がなかったといえば嘘になるだろう。

そもそも、ＦＡ宣言してからの交渉云々の前に、すでに丸の移籍はほぼ決まっていたといえるかもしれない。ＦＡ移籍を心に秘めて、期するところがあったのだろう。このシーズンの丸の成績は打率・３０８、39本塁打、97打点と、それまでのキャリアハイを記録していた。前年オフの契約交渉の内容を知って、その可能性の大きさに気づかなかったとすれば、かなり鈍感といわざるをえない。

あの時の契約交渉を振り返ってみよう。

翌年には丸がＦＡ権を取得することがわかっていながら球団は単年契約を結んでいる。しかも年俸は、たったの2億1千万円でランキング40位。３連覇カープの〝チームの顔〟の評価がこれで、球団もよく恥ずかしくなかったとあきれたものだ。

2018年プロ野球選手推定年俸

柳田悠岐　Sh……5.50億
D.サファテ　Sh……5.00億
E.メヒア　L……5.00億
金子千尋　Bs……5.00億

菅野智之　G……4.50億
A.ゲレーロ　G……4.00億
内川聖一　Sh……4.00億
R.バンデンハーク　Sh……4.00億
A.デスパイネ　Sh……4.00億
和田 毅　Sh……4.00億
摂津 正　Sh……4.00億
松田宣浩　Sh……4.00億
鳥谷 敬　T……4.00億
糸井嘉男　T……4.00億

五十嵐亮太　Sh……3.60億
S.マシソン　G……3.55億
筒香嘉智　De……3.50億
R.メッセンジャー　T……3.50億
坂本勇人　G……3.50億
青木宣親　YS……3.50億
K.ジョンソン　C……3.45億
W.ロサリオ　T……3.40億
W.バレンティン　YS……3.34億
増井浩俊　Bs……3.00億
岸 孝之　E……3.00億
陽 岱鋼　G……3.00億

山田哲人　YS……2.80億
中村剛也　L……2.80億
S.ロメロ　Bs……2.75億
C.マギー　G……2.66億
則本昂大　E……2.50億
菊池雄星　L……2.40億
J.ロペス　De……2.30億
山口 俊　G……2.30億
山口鉄矢　G……2.24億
A.カミネロ　G……2.22億
今宮健太　Sh……2.20億
秋山翔吾　L……2.20億
福留孝介　T……2.20億
丸 佳浩　C……2.10億
浅村栄斗　L……2.10億
阿部慎之助　G……2.10億
上原浩治　G……2.00億
C.ペゲーロ　E……2.00億
Z.ウィーラー　E……2.00億
今江年晶　E……2.00億
長谷川 勇也　Sh……2.00億
涌井秀章　M……2.00億
中田 翔　F……2.00億
N.マルティネス　F……2.00億

仔細にウォッチするまでもなく、カープ球団が「年俸の限度額2億円」を基本にしていることは歴然としている。それにいくらかイロをつけて上乗せする、それがチームのトップ選手に対するお約束の提示額だった。

かつてのカープであれば、「金がないんじゃやけぇ、しょうがなかろう」と、のんきな同情を寄せることもできた。しかし、今やカープは事業余剰金100億円を超えるといわれる〝金満球団〟だ。にもかかわらずこのシブチンぶりは、選手ばかりかファンをも裏切る不誠実と非難されても弁解の余地はないだろう。

カープ球団は丸を引き止めるにあたって、どれほどの熱意を持ってコトにあたっていたのだろうか?

1回の交渉で前述の条件を提示したまま、後はそっちで考えてくれという姿勢を球団は貫いていた。丸はマーリンズ、ジャイアンツと交渉しながらも、「もう少し考慮してもらえたらカープに残ってもいい」というサインを送っていたらしいが、そのサインに球団は目をくれようともしなかった。

ファンは「丸が出ていったんだから……」というが、これでは出ていかざるをえなかっただろう。カープ球団は主力選手を平然と手放したのだ。

２０１９年シーズン、カープはまさかのスタードダッシュに失敗して、一時は借金８を抱えるほどだった。ファンばかりか関係者も驚愕したこの事態に、さまざまな原因が指摘された。チームリーダーだった新井貴浩の引退もいわれたが、それ以上に丸の不在が大きいことはいうまでもなかった。

それほど大事な戦力との交渉を、カープはたった一度の条件提示で「したつもり」になっていたのだ。

黒田の復帰をめぐっても、カープは例年そんなスタンスだった。

消えたスキャンダル

ここでもう一度、黒田復帰までの経緯を時系列で確認してみよう。ただし、今度は先ほどの公正取引委員会から勧告を受けた消費税問題の経緯をオーバーラップしてまとめてみた。

2013年

10月　カープがグッズ納入業者と仕入れ価格交渉を始める。その際、消費税の引き上げ分を上乗せしないように要請。

2014年

2月1日　新規の納入価格でグッズ仕入れ開始（34業者が要請に応じて上乗せせず）。

4月1日　消費税が8％に。

6月末日　4月からこの月まで、中小規模グッズ納入業者に文書による調査。

11月某日　個人事業者に対して文書による調査開始。

11月4日　阪神から自由契約となった新井貴浩について松田元オーナーが言及（オーナー本人が直接オファーの意向を伝える）。

11月初旬　黒田が帰国。鈴木本部長と1回目の会食。

11月14日　新井貴浩が入団会見。

11月下旬　黒田にパドレス、ドジャースなど複数の球団からオファー

カープ球団が正式にオファー（その後、環境面でのサポート内容など

をメールでやりとり）。

12月上旬　黒田が2度目の帰国。鈴木本部長と2度目の会食。

12月某日　黒田「オファーがあるので、まだ決められない」と伝える。復帰はないだろうと本部長は判断。

12月14日　公正取引委員会が調査に入る。

12月24日　鈴木本部長と黒田が3度目の会食。再検討した条件やカープの考えを提示、結論は出ず。

12月26日　黒田が契約書をアメリカに持ち帰る。

2015年

2月10日　黒田が鈴木本部長に復帰の意志を伝える。

2月15日　この日までに球団が消費税引き上げ分約509万円分を業者に支払う。

2月26日　黒田がカープ入団の記者会見。

公正取引委員会がカープ球団に勧告。

こうしてあらためて見直すと、球団の異例の動きは消費税問題と見事にリンクしているように映る。ここにあるように、6月までには中小の納入業者にたいして文書による調査が行われていることから、少なくとも6月の時点ですでに不正が発覚することは球団にはわかっていたはずだ。

この発覚の時期の当たりがつくと、それからの球団のアクションが、その対応のための動きだったように見えてくる。

そのシナリオが見えてくると、それまで別の出来事だった黒田復帰と公取の勧告が、縦糸と横糸とが織り合わさるようにして、ひとつのタペストリーに仕上がってくる。そう、公正取引委員会からの勧告というスキャンダルから世間の目をそらすためのストーリー、「黒田博樹がカープに復帰!」というセンセーショナルな話題づくりだ。

その〝効果〟のほどは、ここにあらためて述べる必要はないだろう。まだ記憶にあたらしい黒田復帰の大騒動がそれを証明したのだから。

黒田との2度目の会食のときも結論は出なかった。そのときの感触で鈴木本部長は「復帰はないだろう」と、いったんは断念したという。ところが、交渉の担当者が諦めながら、1週間か2週間してまた会食の席がもうけられていた。ということは、おそらく球団のトップが尻をたたいたということだろう。なんといっても黒田の復帰は球団の〝死活問題〟になっていたのだ。

このとき「再検討した条件」を提示していたということは、年俸もつみあげたのだろう。丸の例をあげるまでもなく、この球団としてそれは異例のことだった。

もちろん年俸だけで動くような黒田ではないだろうが、ほかにも黒田の〝男気〟をくすぐるような条件を提示したのだろう。

アメリカに帰った黒田は、悩んだ揚げ句に決断し、12月26日に復帰の意思を伝える電話を球団本部長に入れた。

ファンと別の意味で、球団は大喜びしたにちがいない。あの驚天動地の騒動となった黒田博樹の復帰会見は、タイミングよく公正取引委員会の勧告の前に行われ、世間は「〝男気黒田〟の美談」一色。見事にスキャンダルは吹き飛んでしまった。

もし消費税をケチったという犯罪まがいの不祥事が、黒田博樹と新井貴浩の復帰を後押ししたのだとすれば、それが今のチームの隆盛、人気をもたらしたわけで、これほどファンとして〝不幸な幸福〟はなかったといえるだろう。

地元紙の〝後方支援〟

カープ球団への公正取引委員会からの勧告は、黒田博樹復帰劇の熱狂に吹き飛ばされて、世間から表立って批判されるようなことはなかった。それどころか、この不祥事を指弾するべき中国新聞が、その当事者を表彰して「持ち上げる」という奇妙なネジレ現象が起こっていた。

その賞とは「中国文化賞」。２０１５年11月３日に主催者である中国新聞が紙上で発表した「中国地方の文化・学術・地域貢献などの分野で優れた功績を挙げた人物」の７人のひとりに、松田元オーナーが名を連ねていたのだ。

カープは同年のシーズンに年間入場者数が２１１万２６６人を記録し、球団結成以来はじめて２００万人を突破した。その成果が「地域密着の球団経営をしてきた」と評価された、と記事にはあった。

その翌年にはポピュラー音楽界の重鎮であるボブ・ディランがノーベル文学賞を受賞して、世論はそれにたいする賛否両論で二分された。ここに「ノーベル賞の性格からして、彼は受賞するべきではない」というファンの声もくわわって熱い議論にもなった。

ノーベル賞とは権威も価値も話題性も比較にならないとはいえ、少なくとも地元広島で、この松田元オーナーの中国文化賞受賞にたいして何の議論もおこらなかったことには首をかしげざるをえなかった。

その年のはじめにカープ球団は、公正取引委員会から勧告を受けるという不祥事を起こしていた。その企業のトップを、不祥事を起こしたその年に顕彰することはまずありえない。「今回は見送り」となるのが一般的だろう。

同じ年、ジャイアンツの選手数人が野球賭博に手を染めていたことが発覚して社会問題となった。そのジャイアンツのトップをその年にわざわざ顕彰するなどということがありえるだろうか。もしそんなことをしたら世間の非難を浴びることは目に見えている。ところがそれに類することが広島では平然と行われていたわけで、まことに不思議な文化的風土といわざるをえない。

カープ球団が黒田博樹を2015年のシーズン前に積極的に迎え入れた理由に、公取の勧告から視線をそらす側面もあったのかもしれないと前段で推測してみた。もしそんな動機があったのだとすれば、球団フロントの失地回復、名誉挽回のために他にも布石を打ったはずで、そのひとつが、この中国文化賞だった。そのように考えなければ理解できない顕彰だった。

球団サイドからそれとなくもちかけ、新聞社側が「あ・うん」の呼吸で引き受けた。あるいは中国新聞サイドがカープ球団の窮地に忖度してということだったのかもしれない。

不祥事が発覚したときの報道が社会面の片隅にベタ記事扱いだったのにたいして、1面のトップ記事横に「カープ見たい 徹夜の列」と、3日も先の入場券購入の整理券配布について写真入りで掲載して期待感をあおっていた〝配慮〟を見れば、その憶測はあながちはずれてはいないだろう。

もちろん「200万人突破」というエポックはあったにしても、タイミングがあまりにも悪過ぎた。どちらかといえば〝暴走〟ともいえるものだった。

カープ球団と中国新聞とが深い関係にあることはいうまでもない。球団創設からしばらくつづいた苦難の時代には、中国新聞の社長が球団の代表をつとめて運営を支えてきた。経営を離れてからも、「読者＝カープファン」という利害を共有する関係にある。そんな両者であれば、球団に配慮してということはあり得るだろうし、そう思われても不思議ではない。

であればなおのこと、「李下に冠を正さず」。この件での中国新聞の対応は慎重であるべきだったのだが……。

このとき同時に受賞された方々には、松田元オーナーのほか、ロケット設計と軌道計算の専門家で、小惑星探査機「はやぶさ」計画ではフロントマンとして活躍した的川泰宣氏。三次市出身の国民的な人形作家の辻村寿三郎氏。「ズッコケ三人組」シリーズで知られる作家の那須正幹氏。地域社会の形成と発展を研究してきた山口大学名誉教授の小谷典子氏。広島大学放射光科学研究センター特任教授で、長らく同センターの運営にもあたった谷口雅樹氏。それなりの顔ぶれが名を連ねていた。

「中国地方の文化・学術・地域貢献などの分野で優れた功績を挙げた人物を称える」という中国文化賞の受賞者として、その業績に異論をはさむ余地のない方々ばかりではあった。

チームが低迷し観客動員もままならなかった受難時代には「100万人動員」という数字が大きな壁になっていたことを思うと、当時それほどチーム成績がふるっていたわけでもなく、長らく優勝からも遠ざかっていたにもかかわらず、200万人を超える動員を実現したのだから、トップの手腕は大いに評価されてしかるべきだろう。

観客動員の増加が地域に密着した球団であると評価されたのであれば、松田元オーナーが選考された理由は理解できないことはない。むしろ当然とする向きもあることだろう。ただ受賞のタイミングとしては、どうだったのか。新聞社の見識としても、疑問を禁じえないのだ。

身内で決めた顕彰

そんな疑問が頭をよぎったこともあって、この賞についてあらためて調べてみた。うかつにも同賞について、それまで具体的にはほとんど知らなかったからだ。

まず、ネットであたってみた。しかし奇妙なことに、いくら検索してもその概要はよくわからなかった。ここ数年の受賞者の記事は検索できるのだが、歴代受賞者の一覧とか選考委員のリストはどこにもアップされていない。もちろん同紙のサイトにもだ。受賞者当人が栄誉の報告として自分のサイトやブログなどでコメントしている記事に、いくつかアクセスできるだけだった。

そこで主催者である中国新聞に直接問い合わせてみた。受賞者がどのような選考委員によって選ばれたのか。そして松田元氏に関しては、あの不祥事が懸念材料として話題にはあがらなかったのかどうか、それを知りたかったからだ。

ところが驚いたことに、中国文化賞に関しては外部の選考委員はひとりもおらず「社内の何人かで選考している」という回答。つまり第三者の客観的な評価はまったく介在していないという。うがった見方をすれば、社に寄与した人物への返礼というかたちで、恣意的に選考することもできる。あるいは先方からの依頼で、授賞することも可能ということだ。

歴代の受賞者を拾ってみると、たしかに中にはそんな経緯で授賞したのではないかと疑わせる人物が何人かいた。それが事実かどうかはわからないが、そもそもそんな疑問を抱かせること自体が問題だろう。

ちなみに他紙が主催する賞をいくつか調べてみた。

たとえば「朝日賞」。

こちらは朝日新聞社の公式サイトに、賞の概要から過去の受賞者一覧までがアップされていた。

2015年度の同賞の受賞者を例にあげれば、俳人の金子兜太氏、指揮者の大野和士氏、科学者の村井眞二氏、分子生物学者の山本正幸、渡辺嘉典の両氏。それぞれの業績、選考理由などは省略するが、この選考にあたっては「全国の大学、研究機関、有識者らに候補推薦を依頼し、朝日新聞文化財団朝日賞選考委員会で受賞者を選考」したと明記されていた。

そして選考委員会は、脳科学者で東京大学名誉教授の養老孟司、劇作家の野田秀樹、ロシア文学者で名古屋外国語大学学長の亀山郁夫、作家の高樹のぶ子といった各識者8人に、朝日新聞側から論説主幹が加わった9人で構成されていた。

これが一般的な選考体制であり、選考手順というものだろう。社内で身内が集まってミーティングのようなかたちで決めているという中国文化賞は、ずいぶん異色に思える。もちろん有識者が評価しようと、新聞社の人間が選考しようと、世間で認められる功績や人物評にそれほどの差はないかもしれない。ただ新聞社側だけ、ということになると、そこに思惑が働く可能性は否定できない。

「客観的に評価している、みずから戒めている」といわれても、残念ながら世間はそうは見てくれない。

もし中国文化賞が、前述のような識者による選考委員会で構成されていたら、たぶん松田元オーナーがリストアップされた時点で、件（くだん）の不祥事は懸案事項としてあがっていただろうし、常識的に判断して授賞は見送られていたにちがいない。

「異論はないものの、時期的にいかがなものか……」ということに落ち着いて、謹慎期間が過ぎ、禊がすんでからの再考となっていただろう。

この件についても中国新聞に訊ねてみた。

「もしかしてカープ球団の不祥事は、ご存知なかったのか？」と。

もし知らずに顕彰していたのであれば不勉強だし、知っていてのことであればその見識に疑問符がつくのだが……。

すると担当者は、心外だというように語気強くいった。

「それは知ってますよ、記事にしているんですから」

つまり不祥事は知っていながら「問題はない」と中国新聞社側は判断したということらしい。

その見識を問うと「社としての評価だ」という。つまり「勧告上等！」ということのようだった。

残念に思うのは、受賞した本人が辞退しなかったということだ。「今回は自粛する」という見識をなぜ見せられなかったのか。もっとも、この受賞を公取の勧告からの失地回復、名誉挽回に利用するつもりだったのだとすれば、そんな奥ゆかしいことをするはずもないのだが……。

閉された言語球団

評論家の故・江藤淳の代表作に『閉された言語空間　占領軍の検閲と戦後日本』（文春文庫）がある。戦後の日本で行われた進駐軍、いわゆるＧＨＱによる検閲によっていかに日本社会の言語空間が歪められたかを検証した名著だ。このタイトルをお借りすると、カープをとりまく言語環境は、右の見出しのようになるだろう。

メディアが球団を批判せず、もたれあっているような〝カープ村〟。そこではまるで放送コードがあるかのごとき、皮相でステレオタイプの表現ばかりが氾濫している。そこにはほとんど言論統制にも似た力学が働いているように見える。

カープ球団がワンマンオーナーの経営する〝個人商店〟であり、その商店が地元では絶大な影響力を持っていることが、事態の背景にはあるだろう。この閉鎖的な環境が、提灯記事の乱造、ヨイショ本しか書かれない言語空間を生み出してしまっている。

そんな「閉された言語球団」ぶりを象徴するような出来事があった。

2018年5月11日。カープの石原慶幸捕手が1000本安打を達成したズムスタでの対タイガース戦でのことだった。

応援に興奮した女性が2階から手すりを越えて落下。下敷きになった観衆が重傷を負う事故があったらしいのだが、その事故がどこからも報道されなかったために、憶測が憶測をよんだまま、真相がベールに包まれてしまうという奇怪な出来事だった。

事故発生時、ズムスタには救急車数台とレスキュー車が出動し、現場周辺は騒然となった。その様子はツイッターなどで発信されて拡散、ネットもこの話題で〝プチ炎上〟した。「何か事故があったようだ」という一次情報が、すぐに「どんな事故だったのか?」という続報を求めるものになった。そのうち「らしい」という憶測が飛び交うようになって、情報は錯綜する。

その間、球団からの「お知らせ」も「お詫び」もなく、メディアからニュースが伝えられることもなかった。

そして真偽入り乱れて憶測が氾濫しはじめたころ、ＳＮＳ上に「あれはデマ・ガセだった」との情報が流れた。いわく、「試合の号外を求める観衆が将棋倒しになって、けが人がでた。それが大げさに伝わって騒動になった」というのだ。

この「デマ・ガセ情報」には、なんともいえない違和感を覚えた。あの日ズムスタで「救急車が何台も出動した」という騒動は現実にあった。デマでもガセでもなんでもない。それが「デマ・ガセ」と表現されたところに、関係者からのリークを疑わせる意図的なものを感じたからだ。

デマ・ガセというなら、「ズムスタで救急車が出動する騒動があったらしい」という、騒ぎの事実すらなかったことになる。意図的に「デマ・ガセ情報」が流された、そうとしか思えなかった。

某ライターのブログ記事でも、それは確認できた。

彼が球団に事情を確認したところ、「あれはデマだった」と伝えられたという。当事者である球団が、どこかの二次情報を流すはずはない。ということはつまり、この「デマ・ガセ」の発信源は球団ということになるだろう。

もし不可抗力で騒動が生じてしまったのなら、そのことを球団のコメントとして発表すればよかったし、そうすべきだったろう。ところが、そのような対応はいっさいせずに、「球団の意を汲んで」情報の拡散に協力してくれそうなライターには個別に「デマ・ガセだった」と伝えている。そこに真実を隠蔽したい意図のようなものが透けて見えたのだ。

どこかの民家でボヤが出て消火騒ぎになった、そんなレベルの話ではない。ズムスタという公共の場で騒動が起こっている。球団が報告するのはもちろん、メディアにもそれを正確に報道する義務があったはずだ。しかし、現実は前記のごとくだった。

この〝落下事故〟の報に接してすぐ、知人の新聞記者は消防に問い合わせたという。すると「なんでもなかった」ではなく「なにもいえない」という回答だった。さすがに新聞記者に「ガセネタ」とのミスリードはできなかったらしい。現実にはなにがしかの事故・トラブルはあったのだが、箝口令が敷かれたようだ。

球団側は、もちろん大騒動にはしたくなかったのだろう。いうまでもなく「球場内での不祥事」はタブーだからだ。落下の噂が事実ならば、警備のあり方が問題視されることになりかねない。

ここ数年来、連日満員の入場料金収入によって、さらにグッズ商売で、いったいどれほどの利益を懐にしているのか想像すらできないカープ球団。その莫大な利益をどうしているのかという疑問に、「ほとんどを警備費にまわしとる」と、球団のトップはコメントしている。

――少なくとも毎年何十億円にはなるはずの余剰利益を警備費に使っている？

そんなこども騙しのいいわけを信じるお人好しもいないとは思うが、「大金使っての警備がこれか？」との批判は必至だ。

もちろん、メディア各社も、箝口令にご協力なさったはずで、もしうかつなことを発表したり書いたりすれば、カープ球団からもれなく「出入り禁止」の〝ご褒美〟をいただくことになる。そうなれば、以後カープ情報は取れない。わが立場が悪くなるばかりか、所属する社や関係各所に迷惑がかかってしまうのだ。それをいいことに、思うがまま言論統制をしてきたのがカープの裏球団史ともいえそうだ。

先に紹介したように、江藤淳の『閉された言語空間』では、戦後ＧＨＱの言論統制による事実の隠蔽と歪曲が詳細に描かれていた。著者はそのことによって、いかに日本という国が歪められたかを問うている。

カープをめぐる言語環境も同じではないだろうか。この閉された言論環境が一スポーツ球団のことにとどまらず、グラウンドの外にまで及んで地域社会を知らず知らずのうちに歪めてしまっているのだとしたら、「残念」ではすまないのだが……。

「手段」が「目的」に？

「スタンドを真っ赤に染めよう！」

このスローガンが、いつからカープの周辺で大手を振ってまかり通るようになったのか詳らかにしないが、それはすでに現実のものとなった。

そのスローガンは当初、スタンドに陣取るファンの思いを赤い色に託して選手を応援しよう、というピュアなメッセージに聞こえた。たぶんその光景は、グラウンドから見る選手たちには大きな力となっているのだろうし、それに後押しされてカープはリーグ3連覇を果たしたともいえそうだ。

しかし、このところの〝ビジパフォ占拠〟や〝赤傘応援〟のカープ球団の無軌道ぶりをみていると、「スタジアムを真っ赤に染めよう」のスローガンが応援の「手段」ではなく、赤いグッズを売りたいだけの「目的」と化してしまったかのようだ。

3連覇をはたしたカープはリーグ屈指の強豪チーム、常勝軍団となった。選手個々はタレント揃いで魅力的だし、チームとしては好感が持てる。傲岸不遜ともいえる球団フロントとのこの対照はいったいどこからきているのだろうか。

「カープは育てるしかないんです。FAで選手を獲れるわけではないし、大物外国人選手を連れてこれるわけではないんですから」

カープを3連覇に導いた緒方孝市監督が、2019年シーズンがはじまったばかりの頃、あるテレビ番組で語っていた。

たしかに、過去はそうだった。

「育成のカープ」

それは、消極的な選択肢から生まれたチームの伝統だった。かつて「貧乏球団」であったころは、そうせざるを得なかったからだ。

チームの伝統である猛練習で選手はグラウンドの泥にまみれ、バットスイングでマメから血を流してきた。「貧乏球団」であることを疑わず猛練習して常勝軍団となった。そんなチームと、あぶく銭にまみれて無軌道に暴走をはじめたような球団フロントと、両者のイメージはどんどん乖離しているようだ。

もうひとつ、カープにはチーム・球団・ファンは同じ「ファミリー」という伝統も受け継がれてきた。猛練習がもたらした一体感なのか、親会社を持たない小さな球団という厳しい環境がそうさせたのか。

いや、被爆からの復興の精神的支柱であったカープにとって、それは必然だったのだろう。だから「市民球団」という御旗のもとで選手と球団とファンとがひとつの家族であるかのような雰囲気が、かつてのカープにはあった。選手も球団も、ファンと寄り添うように歩んで来た。

その一角であった球団フロントが、いまその輪からひとり逸脱してしまったようだ。生前最期となったテレビ番組のインタビューの中で、衣笠祥雄は語っていた。

1975年の初優勝のとき、「長年応援していただいているファンの方に、一度でいいからお礼をしなきゃいけない。一度もまだわれわれは(そんなファンに)お礼してない。そのお礼は優勝だったんですよ」

そんな懐かしい思い出を回顧しつつ話は進み、エンディングちかくになって最後にインタビュアーが彼にこうたずねた。

――カープにしかないものは?

すると彼は、即座にこう答えたのだった。

「いまもあると思います。ファミリーです」

――広島出身とか、関係ないですか？

「ないです」

――その結束、血の絆みたいなものはあるんですかね。

「自然とまわりの環境がそうさすんでしょう。街がそうさしますよ。こんな幸せなチームないですよね。でしょ、そう思って（ファンは）見てくれてるんだから」

そうしめくくった衣笠祥雄。

だが、「ファミリー」の一員であり、しかもカープという家族を支え、家名を世に知らしめた長男ともいうべき彼が亡くなったとき、カープ球団がどう対応したかを知ったら、彼は天国でも同じように「ファミリーです」と迷うことなくいえただろうか。

「衣笠はなぜ監督になれなかった？」の答え

カープ球団は個人商店的な組織のためか、一般的な感覚では理解しえないことが往々にして散見される。チケットの販売方法にしても、〝赤傘応援〟にしてもそうだが、組織が健全に機能していればありえないようなことが起こりうる。かと思えば逆に、抽選券配布騒動への対応のように、世間では当たり前の慣行がスルーされたりもする。

2018年のペナントレースが開幕して間もない4月23日に突然もたらされた衣笠祥雄さんの訃報以降のカープの対応は、まさに後者の例といわざるをえないものだった。

その日カープは、横浜スタジアムでベイスターズとの試合だった。しかし、グラウンドの選手が喪章をつけるでもなく、ダッグアウトに衣笠さんを偲ばせるものが掲げられるでもない。弔意のしるしはどこにも見当たらず、球場にはいつもとまったく変わらない景色があるばかりだった。

カープの偉大な功労者、たった3人しかいない永久欠番のレジェンド。その衣笠さんが逝去されたという事実を、その試合から確認することはできなかった。そこには本来あるべき「弔意」はもちろん、「敬意」や「感謝」という、大切なものが欠如していたのだった。

衣笠さんの逝去にあたり、「喪章、半旗などは遠慮してほしい。いつもと変わらず試合をしてほしい」。そんな意向がご遺族から伝えられていたという。

もしそれが事実であったとしても、ささやかな弔意は表すべきだったのではないか。せめてユニフォームの隅に黒いリボンひとつ着けることくらいできなかったのだろうか。たったそれだけのことで、弔意は表明できた。ファンもそれで納得したのだ。選手だって偉大な先輩への敬意を抱いてグラウンドに立てただろうし、心おきなく胸を張ってプレイできたことだろう。

たまたま勝ったから試合後に「衣笠さんに捧げた」なんて綺麗事もいえたが、もし負けてでもいたらどれほど後味が悪かったことか。

ファンは衣笠さんの突然の訃報にうろたえ、落胆を隠せないでいた。その思いをグラウンドで、試合の中で何かのしるしによって慰めて欲しかったのだ。何もしてくれなかったという不作為に、ファンは戸惑い憤っていた。

もし百歩譲って、どうしてもそうできない理由があったのなら（そんなものがあるとも思えなかったが）、せめて「ご遺族の意向により」とサイトに掲載してファンに報せるなり、なんらかの対応がほしかった。そうすれば、ファンの間にいたずらな憶測を生むこともなかっただろう。

——もしかして、どこかにアップされているのではないか？

そう思って公式サイトのニュースのヘッドラインをくまなくチェックしてみた。しかしそこには、訃報の短報すら掲載されてはいなかった。

球団が公式に訃報を発表することと、「ご遺族からの意向」とは関係がないことだ。サイトに一行訃報を載せることすらご遺族が遠慮されるはずはないし、百歩譲ってそうだったとしても「球団としては功労者の逝去にあたって、これだけはしないわけにはいかない」と、掲載するのが最低限のマナーというものだろう。

どう考えても、「ご遺族の意向」という、ファンには確認のできないことを後付けの理由にして、衣笠氏の訃報の掲載を球団は意図的に見送ったとしか思えなかった。

確認のために球団に問い合わせてみた。すると、サイトに弔意を掲載することは「ご遺族の意向に反すると判断した」という回答が返ってきた。やはり球団の恣意的な判断で掲載を見送ったというのだ。

この功労者に対するあからさまな冷遇ぶりはどうだろう。というより、社会的なマナーすら、この球団はわきまえていないのではないか、と思わざるをえなかった。

これらのことから総合的に判断すれば、カープ球団は「衣笠さんのご逝去にあたって、弔意を表するつもりはない」ということになる。そして、その対応については、「球団が決定したこと」。つまり、球団のトップの意向だととってもらっても構わないということだった。

先に述べた前オーナーと衣笠さんの関係にたいする個人的な感情からかは存じ上げぬが、まったく大人気ない対応というほかはない。この球団のトップのスタンスこそが「衣笠祥雄はなぜ監督になれなかったのか？」の問いに対する答えだったことがあらためて知れた。こんな残念な了見によって、われわれカープファンは衣笠祥雄氏を「監督」と呼ぶ夢を断たれてしまったのだ。

「ご遺族の意向」を口実に横浜スタジアムでは弔意の表明すらしなかったカープ球団だったが、ホームにもどっての対タイガース戦で、ちゃっかり「追悼試合」を催した。お見事なダブルスタンダード。

——おいおい、ご遺族の意向でご遠慮されたんではないのかい？

そう苦笑するしかなかった。

追悼試合が開催されたのは4月28日。衣笠さんの入団当初の背番号でもあった「28」の日だった。その日は快晴の土曜日で、デイゲームには持ってこいの陽気。「衣笠さんの追悼試合にふさわしい天気」――そんな言葉を頭に浮かべながら、ズムスタへのプロムナードを歩いた。

その追悼試合のあった翌日の中国新聞1面に、試合前に黙禱する選手・監督の写真が掲載されていた。そして、その横に小さく囲み記事で松田元オーナーのコメントもあった。

まさか初七日に合わせたわけではないだろうが、ようやく球団サイドの〝弔意〟の一端が公式に発表されたのだ。

対戦相手となったタイガースが、訃報がもたらされた当日にすぐさまホームページに金本監督はじめ球団関係者の「お悔やみ」を掲載したのにくらべて、遅きに失したといわざるをえないのんきさ。しかも、そのオーナーのコメントも、なんともそっけないものだった。

松田元オーナーの話「キャンプなどで会うと、「元くん」と話を掛けてくれた。年上のお兄さんに声を掛けてもらったうれしさが思い出される。本来なら偉大な選手について話すべきかもしれないが、自分にとって衣笠さんはそういう人だった。」

そっけないが、熟読するとなかなか含みのあるコメントでもあった。

年上のお兄さんには敬語を使ってほしいもの。「会うと」ではなく「お会いすると」でしょ、とつい紙面にくってかかってしまったが、個人商店のオーナーの感覚からすれば、どんな偉大な選手でも「会うと」なのだろう。

その衣笠さんは、他の選手やOBが「オーナー、オーナー」と持ち上げてくれるなか、生意気にも「元くん」だったのだよ。しかも前オーナーにはさんざん、年上の（できのいい）お兄さんのようにいわれてきた。衣笠祥雄は「偉大な選手」というよりそういう存在だった。はっきりいって、個人的にはいい思い出はないのだよ。

そんな思いを言葉にすれば、あのようなコメントになるのだろう。

このコメントから敬意や親愛の情を汲みとることは難しい。ないものはないわけで、つまりは正直なコメントでもあったのだろうが、それにしても表向きの弔意のひとこともなかったのは寂しい限りだった。

そんなオーナーの意向らしく、球団のホームページには「永久欠番の大功労者」である衣笠さんに対するお悔やみのひとこともないばかりか、ニュースのヘッドラインを見る限り、「亡くなられたという事実」すらファンは知ることができなかった。まるで「封印」

というのか「隠蔽」というのか、球団としては衣笠さんの逝去はなかったことにしたいらしい。

しかし、常識的に考えて追悼試合の「追悼」すら掲載しないわけはない。そう思いなおしてサイトをさらにスクロールしてみたが、そこにならんでいるのは、グッズの宣伝とチケットを買ってくれた団体へのヨイショばかり。

ようやく見つけた追悼試合当日のニュースはといえば「VOXRAYの皆さんが国家斉唱に登場」と、その試合前に国歌斉唱したグループへの謝辞のみ。その日が特別な試合、衣笠さんの追悼試合だったことなど、どこをどう読んでも判読できないのだった。衣笠さんへの追悼の「つ」の字もなく、まるでVOXRAYというグループのお披露目ゲームだったかのようなレポートだった。

一般的な常識、良識が球団サイドにあれば、つぎのような記事が掲載されてしかるべきだった。

衣笠祥雄氏のご冥福を祈ってマツダスタジアムで黙禱！

4月28日（土）の阪神戦・故衣笠祥雄氏の追悼試合には、スコアボード上の国旗、球団旗などを半旗とし、監督や選手や球団職員、また阪神のチーム関係者やファンとともに、マツダスタジアムにご来場のみなさまには慎んで黙禱を捧げていただきました。

ここにあらためて御礼申し上げますとともに、球団の功労者である衣笠祥雄さんのご冥福をお祈りいたします。

こんな事務的な手続きすらおろそかにするカープ球団。功労者へのこの非礼ともいえる対応ぶり。この球団は死者を悼む最低限のデリカシーすら持っていないのかと、あらためてフロントの非常識を知る思いだった。

すでにリーグ3連覇を達成したカープ。育成した選手たちがスコアボードに名を連ねての黄金時代。しかも家族的で親しみやすい好感の持てるチームは、まさに一流といっても過言ではない。それにたいしてフロントはといえば、昨今のチケット問題もふくめて、おそまつな三流球団というしかない。

衣笠さんをはじめ、かつてのOBたちが築いて来たカープという素晴らしいチームを、球団フロントが根っこから腐らせているのではないか。常日頃から感じていたことを、この衣笠さんに対する処遇を見て確信する思いだった。

「お別れの会」の真の主催者

衣笠祥雄氏が亡くなってから四十九日目に当たる6月11日の夕刻、FM放送のニュースで、カープ球団が「衣笠さんのお別れの会」を開催することを知った。

「もしかして喪明けを待っての発表か?」とも思ったが、衣笠さんへの敬意に欠けているらしい球団がそんな配慮をするはずもなく、事態をはかりかねていたのだが、翌日の新聞発表を読んでようやく事情が理解できた。

その記事によれば、発起人は松田元オーナー、TBSテレビ社長の二人となっていた。つまり、お別れ会の開催はカープ球団が企画したものではないということだ。カープ球団が企画し主催するのであればオーナーがひとり発起人となり、複数が並ぶことはない。その名前だけで十分だからだ。一民放の代表と連名にすることはありえないだろう。

ちなみに、衣笠さんに先立って鬼籍に入られた星野仙一氏の場合、阪神球団はすぐに公式サイトに訃報を掲載し、その12日後には「お別れの会」の開催をオーナーを発起人として発表していた。

衣笠さんが亡くなってから、いつまで経ってもカープ球団からは「お別れの会」を開くという情報は聞こえてこなかった。球団サイドにはその気持ちは、もともとなかったからだろう。

しかし、さすがに衣笠さんほどの選手の「お別れ会」をしないのはいかがなものか。業をにやして、衣笠さんと専属契約をしていたTBSが止むに止まれずに腰を上げたという構図だろう。もしかすると〝震源地〟はTBS系列の地元放送局RCCだったかもしれない。

どちらにしても一放送局が勝手に動いたとなるとカープ球団からのプレッシャーにさらされる。

「余計なことしてくれたよの。また出入り禁止でぇ」と、いちゃもんをつけられかねない。そこで連名というかたちでの開催にした、まあそんなところだろう。

ここからは、物書きの憶測の憶測。

TBSないしはRCC、いや両者の担当者連れ立ってのことかもしれない、球団に出向いて説得した。

「球団が衣笠さんほどの選手のお別れの会をしない、というのは世間体としてどうなんでしょうか。ここはオーナーに発起人に名前を連ねていただいてですね……。

いえいえ、オーナーが衣笠さんを毛嫌いしておられたのは存じておりますし、名前をお貸しいただくだけで結構です。すべてはこちらでご用意させていただきますから。

そうそうズムスタを使うのはお嫌でしょうから、リーガロイヤルホテル、手配いたしましたし……」

そこまでいわれて、球団はしぶしぶご了承。

しかし世間に公表するにあたっては「カープ球団がお別れの会を催すことになりました」となる。いわば麗しい〝オトナの事情〟だ。

球団は〝ただ乗り〟しただけ、そんなところだったのではあるまいか。

「衣笠祥雄氏・お別れの会」の会場となったリーガロイヤルホテルは、かつて衣笠さんが野球人生のホームグラウンドにしていた旧広島市民球場の跡地を見おろすように聳えている。会場としては申し分なかった。

そのエレベーターの壁面にロビーに、衣笠さんの人生を彩ったシーンのひとコマひとコマが大ぶりなパネルで飾られ、大型ビジョンには初優勝を喜ぶ衣笠さんのお茶目なはしゃぎぶりや、カープを熱く語るシーンが映し出された。「衣笠さんの幸せな時間」がそこにはあふれていた。

そのアプローチを歩み、立ち止まってスクリーンを凝視する弔問客たちの時間が「衣笠さんの幸せな時間」に同化し溶け込んで、幸せな時間を共有しているようでもあった。

「お見送りに来たファンを、衣笠さんが見守ってくれている」

そんな感覚。

献花台に並んで献花する人々や、いつまでも会場を去りがたく佇んでいる人々とともに「衣笠さんを失った喪失感」をしみじみと実感できた時間。

そんな大切なひとときを提供してくれたのは、衣笠さんが終生愛したカープ球団ではなかった……。

二度死んだ衣笠祥雄

生前、監督をしなかった、というかできなかった衣笠さんに対して、数か月前に亡くなられた星野仙一氏は中日でエースとして活躍したのち監督を2期つとめ、それぞれ一度ずつリーグ優勝を経験した。

2001年に中日の監督を退くと、そのまま阪神の監督に就任するという変わり身の早さをみせ、2年目にリーグ優勝すると健康上の都合でさっさと退任。そのままシニアディレクターとして球団に残っていたが、2010年シーズンオフには楽天の監督に就任。2年目のシーズンに田中将大投手の神がかった活躍もあってチームを日本一に導いていた。

カープ以外の球団からオファーがありながら、赤ヘル相手に戦うことは考えられなかったのだろう、頑として監督を受けなかった衣笠さんに比べその遍歴の華麗さは際立っていた。

衣笠祥雄、星野仙一の両氏は、死後の扱われ方も対照的だった。というよりも、星野氏が当たり前に敬意をもって見送られたのにたいして、カープ球団の衣笠さんに対する扱いは非常識どころか非礼とすらいえるものだった。

とくに、星野氏がシニアディレクターをつとめた楽天の追悼ぶりは、特筆に価するものだった。逝去に当たって追悼のコメント、追悼試合の実施はいうまでもなく、お別れの会と献花台の設置を実施したほか、故人の栄光をいつでも偲べるようにホームページに特設サイトを作って、追悼イベントの案内も随時掲載していた。

選手・監督として功労者であった中日も、退団の経緯からして決して良好な関係ではなかったはずだが、逝去にあたってそんなわだかまりは越えて、パネル展示も企画実施していた。

監督としてリーグ優勝に導いた阪神にしても、特別ユニフォームを誂(あつら)えて追悼試合にのぞむなど、功労者に対してできる限りの誠意を見せていた。

いっぽうの衣笠さんといえば、前述のとおり。カープ球団の対応はお寒いばかりだった。

ここで、おふたりへの弔意の差を視角化してみよう。

左の表がそれだ。イベントや企画で、実施したものに「○」をつけてある。カープで「○」がついたのは「追悼試合」のたったひとつだけ。しかもその報告すら球団はしなかったのだから、その扱いのひどさは一目瞭然だ。

衣笠さんが在籍したわけでもない阪神ですら、球界のレジェンドへの敬意として逝去のコメントを発表しているのを見ても、その対応は異常としかいいようがなかった。

君が代を歌ったグループへの謝辞はホームページに掲載しているのに、〝主賓〟であるはずの衣笠さんへの弔意のひとこともなし。こうしてみると、唯一の追悼試合も、哀悼の

	衣笠祥雄氏		星野仙一氏		
	広島	阪神	阪神	中日	楽天
逝去コメント		○	○	○	○
追悼試合	○	○	○	○	○
お別れの会			○		○
献花台			○	○	○
追悼サイトの開設					○
特別ユニフォーム			○	○	○
パネルなど展示				○	○
グッズの販売					○
永久欠番					○

＊衣笠氏は生前既に永久欠番となっているためこの表では対象外とした

意からというより、ただ都合良く集客に利用しただけと勘ぐられても仕方ないだろう。

プロ野球の球団は公共財。だからこそ球団には社会的な責任や倫理が求められる。そのひとつであるはずのカープ球団が、社会的な常識すら持ち合わせていないかのようにふるまうのを見るのは、ファンのひとりとして悲しく残念でならなかった。

たしか故・三村敏之監督だったと記憶するが「緒方孝市の母親は、彼を二度生んだ」との名言を残している。大ケガから見事に復活した彼のことを敬意を込めていった言葉だが、その言葉をお借りすれば、衣笠さんは二度死んだことになるのではないか。一度は4月23日に下方結腸がんで。

そして、二度目はカープ球団の礼を失した扱いによって……。

第5章　されどチケット

DAICHI OHSERA
VS. 東京ヤクルトスワローズ
18：00
4月10日(水)
ビジターパフォーマンス
通路 北222 18列 L348番
PUT ON!
アンフィニ広島

西武の〝本気〟

2019年3月12日の昼下がり。埼玉西武ライオンズのホームグラウンドである西武ドーム（メットライフドーム）を訪れた。

1週間後に千葉ロッテとのオープン戦を控えた球場の敷地は、改修工事でざわついていたが、それでも、どことなくのどかなムードもあって、春めいた空の下にはのんびりとした時間が流れていた。

あたりは工事関係者が何人か作業をするだけで、ときおり球場見学や散策らしき人影が行き交うのみ。チケット売場をさがしていると、ドームに向かって右手に、若い男性がひとり前屈みになり窓口でやりとりしているのが目に入った。

手前には誘導ポールが並んでおり、シックなカラーリングの建物の上には「TIKET CENTER」の看板が見えて、たしかにそこが目指すチケット売り場だった。

求めるチケットが手に入ったのだろう、男性はすぐに売り場を離れた。入れちがいに行ってみると、いくつあるのか窓口のほとんどにシャッターが降りている中で、1番から4番までの窓口が、ひっそりと開いていた。歩みよると、たったひとりで対応している女性スタッフが「いらっしゃいませ」と、外付けのマイクを通して声をかけてきた。

さっそく購入を装った取材を試みる。

「チケットは会員にならないと買えないの？」

「会員カードをお持ちか、あとはファンクラブに入らなくても無料の会員登録はしていただかないといけないですね」

「ビジターでも、この球場に入場するには……」

「はい、そうです」

「チケットは2か月先までしか買えないと？」

「いまは4月までですが」

「ネットで調べたら5月の8日まで買えるとありましたが」

「ええ、そうです。5月の8日の群馬（上毛新聞敷島球場）の分だけは発売されてます」

「基本的には2か月先の……」

「窓口で発売するのは、ファンクラブに入らないのであれば、3月18日の月曜日からです」

「ファンクラブに入らなくても買えるんですね」

「お買い求めはいただけます。5月の試合ですと、ファンクラブに入っている方の場合は先行の発売があるので、ここですね、3月18日からは、無料の会員登録の方でも買っていただけます」

女性スタッフがポケットスケジュールを広げて窓口越しに説明してくれた。

「ファンクラブは先行で買えるわけですね」

「はい、そうです」

「7月中旬のチケットは……」

「買えないですね。まだ先になります」

「一般の場合は……」

「一応ファンクラブの窓口と一般の販売の窓口は1日しかちがわないんですけど、ファンクラブの先々行抽選とかweb先行がありますので、それを考えると1週間くらいは後になっちゃうのかなというのはあるんですが……。7月分をお求めになりたいのであれば、一般発売は5月の20日以降になります」

そんなやりとりをしたのち、ポケットスケジュール表をもらって帰った。

それによると、ライオンズは月ごとに公式戦チケットを販売していて、そのひと月あまり前の月曜日に発売が開始される方式になっていた。

5月を対象試合とすれば、ファンクラブの先々行抽選受付は2日前に終わっていて、ｗｅｂ先行が4日後、その翌日がファンクラブ先行の販売。一般の販売はさらにそのつぎの日の3月17日となるため、ファンクラブの先々行抽選からは9日も遅れることになる。希望する試合のいい席のチケットを確保しようとすれば、おのずと会員登録をしなければならないわけで、このことがチケットの追跡管理を可能にしているようだ。

というのも、ライオンズは前年（２０１８年）の11月15日にチケットを営利目的で転売したとして、転売行為を認めた80名あまりをファンクラブから退会処分とし、再入会も認めない方針だと発表していた。その際、「インターネットオークションなどでのチケットの転売事実を確認して」いたというのだ。

この年10年ぶりにリーグ優勝した埼玉西武ライオンズは、シーズンを通して観客動員は好調だった。ペナントレースが終盤を迎えさらにファンの熱気が高まると、それにつけこむようにインターネットのオークションサイトなどでチケットが高値で転売されるようになった。なかには5倍の高値をつけたものもあったという。

球団はこのような事態に即応して10月5日、6日と連日ホームページで「転売および転売チケット購入の禁止」を告知していた。

5日には【重要】として「ライオンズ主催試合におけるｗｅｂサイトでのチケット購入について」との見出しで、「メットライフドームにおけるライオンズ主催試合のチケットは指定のチケットショップで購入するように」とのアナウンスをしている。「その他のｗｅｂサイトで購入したチケットは転売されたものとみなして入場をお断りする場合がある」と警告もしていたのだ。

さらにその翌日、やはり【重要】として、「インターネットオークションなどでのチケット転売および転売チケット購入の禁止について」と題して、つぎのような発表を行っている。

埼玉西武ライオンズでは、日本プロフェッショナル野球組織とセ・パ12球団が設ける「試合観戦契約約款」に則り、「営利を目的とし、かつ、業として行われる入場券および各種引換券の転売を禁止」し、これらの行為が判明した場合は、購入済みのチケットを無効とし、入場をお断りする場合がございます。

この再度にわたる警告にもかかわらず、その後に開催されたクライマックスシリーズで、さらに転売行為がエスカレートしたために前記の処分に至ったということのようだ。

処分の発表に当たって球団は「メットライフドームでの観戦を希望されていたにも関わらず、チケットを確保することができず、観戦できなかったファンの皆さまにおかれましては、大変申し訳ございませんでした」と謝罪している。

その上で前述したように「インターネットオークションなどでのチケットの転売事実が確認された、もしくは転売されたチケットを購入した方々の申告からチケットの転売を行ったことが確認されたファンクラブ会員さまをはじめとする80名以上の方々に対して、入場をお断りするなどの処分を行いました。なお、該当のファンクラブ会員さまは、会員規約違反により退会処分としました」と発表している。

先にライオンズ球団が持ち出した「試合観戦契約約款」とは、社団法人日本野球機構とプロ野球12球団が、「円滑な試合進行と観客の安全かつ平穏な試合観戦を確保すること」を目的に定めたもの。

その第4条（転売等の禁止）にはつぎのように定められている。

何人も第三者に対し、主催者の許可を得ることなく、入場券を転売（インターネットオークションを通じての転売を含む）その他の方法で取得させてはならない。但し、家族、友人、取引先、その他これらに類する特定の関係に基づき、営利を目的とせず、かつ、業として行われない場合については、この限りではない。

そしてこの第4条に違反する行為を目的として入場券を取得する者は、第3条（販売拒否事由）に基づき、入場を拒否することができる。さらに、第11条（販売拒否対象者の指定）によって、禁止行為に違反した者として「販売拒否対象者として指定する」ことができる、としている。

つまりライオンズ球団は、この約款に則って迅速かつ適正に対象者を処分したわけで、同球団のコンプライアンス意識の高さをうかがわせる。

しかし逆にいえば、この約款は球団側に課せられた履行義務でもあるはずで、これらの行為を認識した時点で球団サイドは対応を求められる。したがってライオンズ球団は「粛々とやるべきことをやった」ともいえるだろう。

ライオンズの場合、ペナントレースでの好調さが転売に拍車をかけたのは明らかだ。球団は、その事態に迅速に対応して厳しい措置でのぞんでいる。

ところが、このライオンズとは比較にならないスケールで転売が横行し、改善を求められつづけているカープの場合はどうだろうか。ここ数年来ずっと「約款に抵触する事態」がつづいているにもかかわらず、いつまでも手をこまねいているばかり。一向に有効な手をうたないばかりか、「転売禁止」のアナウンスひとつしていないのが実情だ。「試合観戦契約約款」に抵触しているのは、ほかならぬカープ球団ではないのか、そう非難されかねないありさまなのだ。

ちなみに、ライオンズのチケットの転売ぶりも、さきのカープの場合と同様にネットで調べてみた。

ライオンズの開幕はヤフオクドームの対ソフトバンク戦だった。そこで地元開幕戦となる2019年4月2日（火）の対ロッテマリーンズ戦を対象試合とした。

その結果、「チケットストリート」で71枚、「チケット流通センター」での扱いは27枚。このふたつを合計しても100枚に満たなかった。なんと、カープとはひと桁どころかふた桁も転売数は少なかった。両球団の人気の差を考慮しても、このちがいには驚くばかりだった。

両球団の対応、コンプライアンスのあり方の差が、はっきりと数字という結果となってあらわれているともいえそうだ。

12球団のチケット販売成績表

ここで、プロ野球12球団の一般チケット販売方法の一覧をまとめてみたい。それが次ページの表だ。

球団名の右横の印は評価。基本的には月毎とかブロック毎に販売するのが一般的であり、またファンにもありがたいだろうから「○」評価。一括販売は「×」だ。そこに付帯条件を加味して判断している。

まずはカープと同様に一括で販売している阪神だ。

阪神の場合、一括販売ではあるものの、カープとはちがって「混乱を招いている」という話は聞かない。阪神が決して人気のないチームというわけではない。それどころか、球界でも指折りの人気チームであることはいうまでもない。それでも開幕直前にも開幕戦のチケットはいくらか残っていたし、シーズンを通しても「空き状態」には、まだまだ余裕

広島	×	3月1日（金）2日（土）当選者にシーズン一括販売	ひとり5試合まで無制限
巨人	○	3連戦の2・3ブロックごとに随時販売	販売日は土曜日で6/29（土）が最終日
横浜	○	月毎に2か月前の火曜日に販売	
ヤクルト	○	月毎に前月の5日に販売	
中日	◎	月毎に前月の土曜日に販売	
阪神	△	2月28日（木）10時から一括販売	ひとり1試合10枚まで
ＳＢ	◎	月毎に2か月前の日曜日に販売	
西武	●	基本的には2月ごとに2か月余前に販売	FC先行は日曜日、一般は月曜日
日ハム	◎	月毎に2か月前の日曜日に販売	
ロッテ	○	月毎に前月の1日か2日に販売	
楽天	○	月毎に2か月前の25日に販売	
オリックス	○	月毎に前月の1日に販売	

があった。

不思議ではないか。同じく一括販売組のカープと阪神とのこのちがい……。

しかしその謎の答えはすでにおわかりだろう。

阪神の場合は、「ひとり1試合あたり10枚まで」との制限があったのだ。それでファンは観戦できそうな日を選んで観戦出来る人数分だけ購入することになる。つまり「チケットは適正に売れていく」のだ。これなら混乱は起きないし、チケットが一瞬にして売り切れて底をつくこともない。基本的には需要と供給とのバランスがとれていることになる。一括して販売するというシステムは同じでも、カープの場合とはコンセプトというか思想がまったくちがうのだ。

この枚数制限の妥当性を買って阪神の評価は

「△」だ。

ほかの球団は、基本的には月単位などの分割販売となっていたので「○」評価。そのなかでも中日とソフトバンク、日本ハムの3球団はあえて「◎」の高評価とした。それぞれ販売日が土曜日か日曜日で、ファンが買い求めやすいようにとの配慮をしている点を考慮してのことだ。

巨人の場合は、分割だが3連戦をひとつのブロックとし、その1ブロックか2ブロックを事前に売り出す。そして6月末が最終販売。分割販売方式だが、シーズンが進むにしたがって、ファンの高揚感が強くなるのに合わせるかのように販売スパンが短くなっていく。さすが長年「球界の盟主」を自任してきただけあって、興行面でのきめ細やかさが感じられる。

こうしてみると、シーズンのチケットを一括販売し、しかも5試合しか買えないにもかかわらず、その5試合については無制限に買える方式を採用しているカープ球団のあり方は、12球団の中でひとり度を超えて異質に映る。

ファンは「たくさん試合を観たい」のであって、「席がたくさんほしい」のではない。だから枚数に制限をもうけずに、試合のほうを5試合に限っているのは本末転倒だ。

これでは希望者が殺到して混乱を招いたとしても驚くにはあたらない。チケットが短期間に売り切れてしまうのは火を見るよりも明らかだし、転売を抑制できるはずもない。これは結果論ではなく、シミュレーションしてみれば誰にでも予測可能な一般論だろう。

オリンピックに学ぶ

興行という観点からみたとき、最大級のイベントのひとつがオリンピックだ。短い開催期間ながらチケットの販売数は膨大になるため、その扱いについては綿密な計画がなされ、慎重にも慎重を期さなければならない。

東京オリンピックを翌年に控えて、「２０２０年東京五輪・パラリンピック組織委員会」は２０１９年4月18日、チケットの販売方法についての概要を発表した。

それによると、大型連休が明けた5月9日午前10時からインターネットの公式チケット販売サイトで抽選申し込みの受付を開始する。期間は同月28日の午後11時59分まで。その結果は6月20日に公表するという内容だった。

申し込みにあたっては、一人あたり第1希望と第2希望を各30枚まで申請可能。そして当選した場合は、最大30枚まで購入できるという。
もうすこし詳しく内容をみてみよう。購入まではつぎのような段取りとなる。

①購入希望者はネットでＩＤ登録をする。
②チケットの種類、席種、枚数を選択して申し込む（第１・第2希望各30枚まで）。
③抽選結果の公表。
④当選者は購入手続き（その際、来場者の名前を登録）。
⑤秋以降に先着順発売を開始。
⑥２０２０年春以降に公式サイトや販売所などで再販売。

公式ルート以外、つまり転売で購入したチケットは無効となる。6月14日に「不正転売禁止法」が施行されることを受けて、メルカリ、ヤフー、楽天の3社はアプリやサイトで出品を禁止することを決めている。

このチケット販売に当たって組織委員会は「大会の盛り上がりと収入確保の両面でチ

ケット販売に失敗は許されず、順調な運営とトラブル対策に全力を挙げる構えだ」（中国新聞2019年4月19日）と、わざわざ断っている。

「失敗は許されない」

もしや、カープの抽選券騒動を念頭においてのことだったのだろうか。あのニュースは全国ネットで報道されてしまったから、当然関係者も見聞きしていただろう。

たしかに、万一にもあの2月25日の〝ブラックマンデー騒動〟のようなことが起きれば、予算の歯止めなき超過や誘致にまつわる贈収賄疑惑など、ただでさえ危なっかしく不明朗な運営をしてきた組織委員会にとって致命傷になりかねない。大会の盛り上がりに水を差すことは必定だろう。

ところで、東京五輪もカープと同じく抽選方式を採用した。ただし、その間には大きな差がある。

次頁の表をご覧になれば、両者の方法論のちがいがよくわかる。世界規模のイベントと、個人商店的な球団のそれとを比較するのは無理があるかもしれないが、それでも両者のコンセプトがまったくちがうことに注視すべきだろう。

カープは日時指定。平日の月曜日の11時までに球場に来たものにだけ抽選券を配るとい

	カープ	五輪
方法	現場で配布	インターネット
応募期間	半日	20日
人数	2100人	適宜
転売	規制なし	転売は無効
購入枚数	無制限	30枚

う〝排除の論理〟。「平日の数時間内にズムスタに来られるもの」だけがエントリーできる条件を設定し、抽選券をもらうための第1ゲートで、すでにフルイにかけるようなことをしている。およそ「抽選」の趣旨とはかけはなれたやり方だ。

いっぽうの東京五輪の場合は、ネットで広く申し込みを受けつける。つまり抽選にはだれでも参加資格がある。しかも期間は20日間ももうけていた。ゆっくり希望する競技や日程を検討する時間があった。そして抽選に当たれば希望に添ったチケットが購入できるのだ。

カープの場合は、抽選のための抽選だったから、それに当選したからといって希望のチケットが買えるわけではなかった。しかも購入できる枚数は無制限だから、自分の番がまわってきた時点でチケットが売れ残っている保証もなかった。

極端な話になるが、カープの採用した方法では、ひとりが5試合分のすべてのチケットを買えるのだから、シーズン71試合のチケットは15人目で売り切れてしまう可能性だってある。チケットは原則転売禁止だから、もしその当人がひとりで試合を観戦するとすれば、スタンドはほぼ無人状態、シーズン観客動員数71名が記録されることになる。これは極論だが、それほど合理性のない販売方法をカープは採用しているのだ。

もちろん、オリンピックのチケット販売方法も完璧ではなかった。インターネット販売の申し込み当日には、アクセスが殺到して回線がパンク状態になるトラブルがさっそく発生していた。カープの抽選券ではあるまいし、なにもその日に応募しなければ権利を失うわけではないにもかかわらず、申し込み解禁を待ちかねての先着争い。いくらシステムを最善にと腐心しても、応募する側に「あさましさ」がある限り目論見どおりにはいかないものだ。

しかし、オリンピック方式は、ひとつのヒントになったのではないだろうか。

カープの稚拙なチケットの販売方法に苦言をていしながら、ではどうしたらいいのかの代替案はもちあわせていなかったのだが、このオリンピック方式をたたき台にして案を練れば実効的な改善案ができそうだ。

例えばこんな案はどうだろうか。

①購入希望者はネットでＩＤ登録をする。
②ネットか応募ハガキで希望の試合の席、枚数を選択して申し込む
（試合×枚数の総計30枚まで・ハガキの場合は名前・電話番号などを明記）。
③抽選結果の公表。
④当選者は購入手続き（その際、来場者の名前を登録）。

これなら一括販売しても、問題はない。ズムスタに大挙して群衆が押し寄せることはないし、抽選券を一部に限定して配布するような不公平なことにはならない。当選者はそれをもって希望のチケットを買えるわけで、抽選券をもらうために並び、チケットを買うために待つような理不尽な負担を強いられることもない。

年間の総入場者が２００万人とすると、単純計算して少なくとも約7万人のファンが平等にチケットを買える計算になる。「２１００人に限って売ってやる」のとは段ちがいに公正で風通しがよくなるではないか。

もちろんそのために球団職員の負担は増すだろうが、これは外部に委託すれば問題はない。なんといってもカープ球団は毎年の事業余剰金が１００億円ではきかないといわれる〝金満球団〟だ。それくらいのコストは楽に負担できるはずだ。

問題は、期間限定のオリンピックとちがい、プロ野球の興行は半年以上にも渡る長丁場である点だ。事前に予定が組めない試合を買わざるを得ず、転売を撲滅することは不可能だ。しかしそれも他球団の例に倣って公的な転売ルートをつくればクリアできるだろう。

だがこれも、カープが固執する一括販売をつづけるならばの話。やはり他球団のように分割して販売するのが理想だろう。

エピローグ――〝スパイダーマン〟の逆襲

その日、広島市民球場では対ジャイアンツ戦が行われていた。

1990年、5月の中旬にさしかかって鯉のぼりのシーズンも終り、低迷期のお約束、そろそろ失速しはじめていたカープは、前日まで11勝15敗と借金4を抱えていた。

そんなチームの不振にファンの不満が募ったのか、5月12日夜の広島市民球場で、試合中にとんでもない事件が起こってしまった。

黄色い風呂敷を頭布にし、忍者のような格好をした地下たびの男が、突然、スパイダーマンのようにするするとバックネットを登っていったのだ。

スタンドは騒然となった。もちろん試合は中断。バックネット周辺は驚愕と怒号に包まれた。

やがて男は背中のリュックサックから取り出した垂れ幕を、ネット上部からぶら下げた。

そこには、こんなメッセージが大書されていた。

「巨人ハ永遠ニ不ケッデス！」
「ファンヲアザムクナ！」
「天誅！悪ハ必ヅ滅ビル！」

このシーズンは開幕前に、ジャイアンツのK投手が金品の譲渡を受けて登板日を漏洩していたのでないかとの八百長疑惑が持ち上がり球界を震撼させていた。その疑惑を本人も球団も否定しながら、後にK本人が金品の授受を認めたことでプロ野球ファンの怒りが爆発し、ジャイアンツのイメージは地に墜ちた。そしてシーズンに入ってからもファンの間に不満はくすぶりつづけていた。

当初は1年間の謹慎を課せられることになっていたはずのK投手の処分は、いつの間にかたったの1か月に減免された。さらに謹慎をとかれたK投手が2試合連続完封勝利したことで、他チームのファンの怒りに火をつける結果となってしまった。その怒りが、この日の広島市民球場で吹き出したともいえた。

実はこの3本の垂れ幕のほかに、男はさらにもう一本の垂れ幕を用意していた。そこには、こう大書されていたという。

「カープハ永遠ニ不滅デス！」

もちろんこれは最初の一本と同様、ジャイアンツの長嶋茂雄が引退したときにファンに向かって叫んだ言葉、「巨人軍は永遠に不滅です！」をパロったものだ。長嶋のあのメッセージは、彼のストレートでピュアな気持ちから生まれたものだったが、しかしそこに巨人軍の奢りのようなものを感じたファンも少なくなかった。それを男は茶化してみせたのだ。

しかしこの「カープハ永遠ニ不滅デス！」の垂れ幕を、男はリュックから取り出す際に落としてしまい、ネットに掲げることができなかった。このスパイダーマンはもちろんカープファンで、カープの不滅を信じ願っての行為だったのだろうが……。

――あの夜カープは〝不滅〟になりそこねた。

当時の事件を思い出すと、そんな感慨に襲われる。カープの〝不滅〟があやうい、と。それどころか、あのクモ男が掲げた垂れ幕の「巨人」が「カープ」にとって代ってもおかしくない状況になりつつある。

「カープハ永遠ニ不ケツデス！」
「ファンヲアザムクナ！」
「天誅！悪ハ必ヅ滅ビル！」

ここ最近のカープ球団のやり口をみていると、このフレーズがまんざらはずれてはいないと思えるのだ。いまならこんなメッセージが、全国の球場で発信されてもおかしくない。いわばカープの巨人化、〝アンチ〟の伝染だ。

抽選券の配布騒動も、さまざまな「人を食った企画」も、市民球団としてスタートしたカープの歴史や伝統、あるいは従来の経営姿勢に共感してきたファンへの裏切りにも映った。

「ファンヲアザムクナ！」

表現の方法には問題があったが、当時、このスパイダーマンのメッセージは多くのファンの思いを代弁したものだった。これがいまは、いつカープに向けられるかもしれない状況といってもおかしくはないのだ。

現在黄金期を迎えつつあるカープは、もちろん人気の面でも絶頂期にある。他の球団からカープのファンになった転向組も少なくない。ある調査によれば、そのほとんどが元巨人のファンだったことがわかっている。巨人のファンだったが、いわゆる巨人の巨人的なところが嫌でアンチ巨人になったというカープファンだ。

かつて別所毅彦投手を南海から引き抜いたり、江川卓投手を獲得した際の身勝手なやり口。ファンの気持ちを逆撫でするような長嶋監督の解任劇。あるいは野球賭博にみられる選手の不祥事など、巨人からファンが離れる遠因となったエポックといえば、十指にあまることだろう。FAとなった選手を大金を使って見境なく獲得するふるまいは、他チームばかりか当の巨人ファンからも不興を買っている（FAとなった選手の再就職先となっていることに個人的には一定の評価はしているが）。

そのアンチ巨人の受け皿に、カープはなっていた。巨人以外にどこの球団を応援しようかと迷ったときに、「もっとも巨人らしくない球団」だからカープに鞍替えしたというファンがほとんどなのだ。

「球団の歴史や伝統、経営姿勢に共感できる」

こんな理由で、巨人とは対極のチームカラーを持つカープのファンになったひとたち……。

ところがそのカープがいま〝巨人化〟しているとしたら、これほど皮肉なことはない。

ネットのニュースサイト「しらべぇ」が実施したアンケートがある。「広島東洋カープ」について、全国の20代から60代の男女を対象に集計して1532名から回答を得たものだ（2019年3月28日にアップされている）。

その結果、「大好き」は4・3％、「まあまあ好き」が25・0％で、両方を合わせても29・3％だった。

それに対して「嫌い」は19・3％、「あまり好きではない」が51・4％で、「好きでない」の合計は70・7％という痛い数字。まさに巨人のそれかとみまがうばかりの結果だった。

ここに「アンチカープ化現象」が数値化されているとみることもできそうだ。

このアンケートで「あまり好きではない」と答えた30代の男性の意見があった。

自分は巨人ファンでマツダスタジアムにも応援に行きますが、ビジター応援席が少なすぎ。まるでカープファン以外はお断りといわれているみたい。カープの選手は嫌いではないですけども、あそこまであからさまにやられると、やっぱり反感をもってしまいます。こちらだって、チケット料金を払っているのだし。

カープ選手は嫌いでない。つまりチームには好印象をもっているが、球団には……。これが「アンチカープ」の最大公約数なのだろう。

アンチの元祖である巨人の場合は、歴史と伝統と組織力と、すべてが他球団を圧倒していた。それゆえアンチが「ゆるぎない存在」、「絶大な人気」の反証として成立していたと見ることもできる。

ところが、経営基盤が脆弱なカープの場合、アンチがシャレにならない。その潮流が大きくなったとき、チームは一気に流されてしまうかもしれず、そうなれば球団の経営そのものにダイレクトに影響しかねない。いまの人気ぶりを思えば、それは想像しにくいことではあるが、降って沸いたような人気の急上昇ぶりを思えば、逆のケースもありえないことではないだろう。

そうなる前に、カープには「健全路線」へと軌道修正してほしいものだ。

カープは特異な生誕神話をもっているチームだ。原子爆弾によって廃墟となり疲弊の泥沼に陥っていた広島に、創世神話の神が化身したかのごとく、こつ然とあらわれた一尾の美しい鯉。それがカープだった。

そこに「希望」を託した市民県民は、この鯉を慈しむように大事に育てた。鯉が勇躍するさまに慰められ勇気をもらった彼らの奮闘によって、広島は復興した。まさに戦後広島の歴史は、「市民球団」カープとともにあったのだ。

カープが広島という土地をフランチャイズにしている限りは、この広島の復興の歴史、そしてそれを実現したひとびとの思いから離れることはできないだろうし、そうするべきでもない。

くりかえすが、プロ野球球団は社会的な公共財だ。ましてやカープというチームは、市民県民の支えがあってここまできた、かけがえのない地元の財産なのだ。それを球団フロントが私物化していいはずがない。

ならばファンに観戦チケット1枚、公正に配れないような球団のあり方は見直すべきだ。

カープ球団は襟を正し、あの日、抽選券配布の2月25日にズムスタでわきあがったファンの怒りの声に素直に耳を傾けて、内向きな経営からファンに寄り添う開かれた経営に舵を取るべきだろう。そして昭和、平成から令和へといたる歴史の先に、カープならではのビジョンを示してほしいと願う。

人類の「悲劇のシンボル」として原爆ドームが広島にあるならば、かつての広島市民球場がそうであったように、ズムスタは「夢と希望の器」であるべきだろう。そこは一企業の名前を冠した球場ではなく、「国際平和」を体現するような場であってほしい。

ここでわきあがるファンの歓声が、チームの勝ち負けを超えて、平和を希求するひとびとの歓喜のメッセージとなるような……。

参考文献

津田一男『球心』中国新聞中国会、1981年
『カープ50年―夢を追って―』中国新聞社、1999年
『広島カープ全史：1950―2016』ベースボール・マガジン社、2016年
水野誠・三浦麻子・稲水伸行編『プロ野球「熱狂」の経営科学』東京大学出版会、2016年
迫勝則『カープを蘇らせた男』宝島社、2018年
堀治喜『「マツダ商店（広島東洋カープ）」はなぜ赤字にならないのか？』文工舎、2012年
堀治喜『衣笠祥雄は、なぜ監督になれないのか？』文工舎、2010年
堀治喜『衣笠祥雄はなぜ監督になれないのか？』洋泉社、2011年

＊本文中に掲載したいくつかの年表や経緯の一覧は、各種報道やカープの年史などをもとに著者が作成した。

あとがき

本書のタイトルは、前著『「マツダ商店（広島東洋カープ）」はなぜ赤字にならないのか？』のために用意したものだった。もちろん「満員御礼」に、皮肉をこめてのことだ。しかし、これを刊行した２０１２年の現実は「満員御礼」ではなかったために、どこかぼんやりとした印象がぬぐえなかった。それで、個人経営にちかいカープ球団をもっとも端的にあらわす「マツダ商店」を使うことにして、このタイトル案はお蔵入りとなった。

同書とその前書の『衣笠祥雄は、なぜ監督になれないのか？』はシリーズものといってもよく、「カープがいつまでも優勝できないのは球団の特異な体質のせいではないか」というのが共通のテーマだった。２冊つづけば3冊目を出すのがお約束で、そのつもりでいたのだったが、もたもたしているうちにカープが優勝してしまった。この25年ぶりの〝椿事〟でシリーズはめでたくも打ち止め、この3冊目はないはずだった。

「カープが優勝したのだから、カープ球団は健全な経営をしていた」

シリーズテーマはくつがえり、そのことが証明された、はずだった。

ところが、それからの球団をウォッチしていると、やはり「どこかおかしい」のだ。それどころか、その「おかしさ」は、ますます増幅しているようにすら思えた。

「はたしてカープ球団はファン目線の経営をしているのか?」

この原稿を書きあげたいま、それが前掲の2書も含めたシリーズ3冊に通底するテーマとなった。そしてズムスタが現実に連日「満員御礼」となっている現在、このタイトルも時を得て甦ることになった。

この本で、たぶん書けることはほぼ書ききったように思う。つまりこの著書はシリーズ最後の〝カープへの遺書〟ともいうべき本だ。

この遺書を世に残すにあたって背中を押していただいた、毎日新聞出版図書第一編集部の宮里潤氏にはお礼のことばもない。また、内容からして過激に独りよがりになりがちなところを、有能なヘッドコーチのごときアドバイスで著者を導いてくれた。おかげでファウルにならず、なんとかインフィールドに流し打つことができたように思う。塁上ならぬ机上から、感謝のガッツポーズを贈りたい。

この書がカープファンの、いやプロ野球ファンのために、カープ球団が一歩でも寄り添うきっかけになればと願いつつ。

2019年5月吉日

堀 治喜

写真　毎日新聞社・著者
ブックデザイン　中島浩

本書は書き下ろしです。

堀治喜（ほり・はるき）

１９５３年生まれ。広島市在住。草野球の球場を手作りした体験を綴った『わしらのフィールド・オブ・ドリームス』でデビュー。著書に『衣笠祥雄は、なぜ監督になれないのか?』、『マツダ商店（広島東洋カープ）はなぜ赤字にならないのか?』『前田智徳　天才の証明』、『黒田博樹　男気の証明』、『初優勝　PLAYBACK1975.10.15　広島東洋カープがもっとも燃えた日。』など。

ズムスタ、本日も満員御礼！
広島東洋カープの研究

印刷　2019年7月5日
発行　2019年7月20日

著者　堀治喜

発行人　黒川昭良
発行所　毎日新聞出版
〒102-0074
東京都千代田区九段南1-6-17千代田会館5階
営業本部　03-6265-6941
図書第一編集部　03-6265-6745

印刷・製本　中央精版印刷

ISBN 978-4-620-32594-1